An Introduction to
Statistics for Business and Commerce

経営・商学のための統計学入門

直感的な例題で学ぶ

Takeuchi Hironori
竹内広宜［著］

JN042791

講談社

まえがき

　筆者は、大学院の修士課程では統計学の研究室に所属していました。修士課程を修了後は企業の研究所で、自然言語処理や情報検索など人工知能の要素技術の研究開発に従事しました。こうした研究開発では、大学院時代に学んだ内容が役に立ちました。統計学はさまざまな技術領域で活用されているのです。

　研究開発の一環として、新しい技術をさまざまな産業分野へ実適用するプロジェクトにも多く携わりました。技術の実適用を進めるうえでは、開発したシステムを利用する企業の方々にその技術をある程度理解してもらう必要があります。とはいえ、技術者でない方々が技術の根幹にある統計学などの数理的な手法を十分に理解していることは少ないため、直感的な説明を求められ苦労しました。この経験から、今後は技術者以外の人も（理系文系を問わず）統計学の基本を学ぶ必要がある、と思うようになったのです。

　そんな中、大学で文系の学生に統計学を教える機会をいただきました。言うまでもないかもしれませんが、統計学の基礎には数学があります。そのことを知った多くの学生たちから、「数学は高校の途中で終えてしまった」「統計学は重要だと聞いているが、数学は苦手なので……（避けたい）」といった声を聞きました。そして、単に概念や理屈を説明するだけでは、そうした学生に理解してもらうことは難しいと感じたのです。

　そこで授業では、イメージしやすい例を用いた直感的な説明を重視し、数式を用いた説明の前に感覚的に理解してもらうことを心がけるようにしました。これについては、企業から大学に移り、「経営統計学」という授業を担

当するようになってからも、学生にヒヤリングしながら、あれやこれやと内容を工夫しています。

　そうやってすこしずつ改善してきた講義の内容をもとに、本書を執筆しました。本書の特徴を簡単にご紹介しておきましょう。

　本書は、高校までに触れたことがある事柄からスタートし、徐々に新しい内容に入っていく構成です。それぞれの単元は例題からはじまる形式をとっています。どの例題もイメージしやすい対象を扱っているので、直感的に答えられるものも少なくないはずです。ぜひ実際に手を動かして問題を検討したうえで、その先の説明を読み進めてください。

　説明はできるだけ数式中心とならないようにしました。数式をまったく使わないわけにはいきませんが、高校生時代に数学が苦手になってしまった人でも取り組めるよう、説明を工夫しています。きちんと読むことで、直感で理解していた内容が論理的に整理され、理解が深まるはずです。

　また、各単元には練習問題を用意しました。その解説・解答はすべて本文の後ろにまとめて掲載しています。できるだけ省略せずにていねいな解説を心がけたので、独学が可能なはずです。ですから、大学生向けの講義がもとになっているものの、ビジネスパーソンの自己研鑽にもおすすめします。

　本書を執筆するにあたって、株式会社講談社サイエンティフィクの渡邉拓さんには大変お世話になりました。本書の趣旨を理解してくださり、わかりやすい説明の仕方について多くのアイディアをいただきました。本当に感謝しきれません。本書の出版に際し、武蔵大学から助成を受けました。また武蔵大学の竹内ゼミの学生有志には、学生の視点で原稿を読んでいただきました。難易度やわかりやすさについての学生視点からのコメントは大変役に立ちました。本当にありがとうございました。最後に、家族をはじめ筆者を支えてくれた人々に、心からの感謝をこめて、お礼を申し上げます。

2021年8月

竹内広宜

Contents

いくつかの章末の 参考 の項（ウサギのアイコンが目印）は、数学的にやや高度な内容をふくみます。むずかしいと感じたら、飛ばし読みしていただいてかまいません。また、カメのアイコンがつけられた章は、むずかしく感じたら後回しにしてください。後回しにした章がある場合は、ぜひ2周目にそれらの章に挑戦してください。

本文イラスト：中村知史

はじめに
──統計学の役割と本書の構成を知ろう

本書は、読者として経営・商学を学ぶ学生や、ビジネスの現場で活躍する方を想定した統計学の入門書です。経営学や商学は、企業におけるヒト・モノ・カネに関連する活動や、顧客と商品・サービスとの関係を対象とします。これらの対象を理解するうえで、「データを分析する」ことは必要不可欠です。そして、データ分析のための道具の1つが統計学です。本章では、本書を読み進めるための準備をしたいと思います。

データとデータ分析

　まず、そもそもデータとは何かということからはじめましょう。**データ**とは、事実を客観的に記録したものです。たとえば、

　　今日の東京の最高気温は26℃であった

はデータと言えます。

　データには、量的データと質的データがあります。**量的データ**は、温度、年齢、売上高など、数量として測定できるものです。一方、**質的データ**は、賛成／反対、職業など、分類として測定されるものを指します。質的データのうち、分類が程度（たとえば「賛成／反対」や「好き／どちらでもない／嫌い」など）を表すものを**順序尺度**と呼び、区別（たとえば職業など）を表すものを**名義尺度**と呼びます。

　データは1つだけとは限らず、複数得られることがあります（1日の最高気温の例であれば、気象庁のデータベースなどにたくさんのデータが蓄積されています）。そのような複数のデータのまとまりを、本書では**データセット**と呼びます。ただし、複数のデータを表として整理したものは、データセ

ットではなくデータと呼びます。これらの関係は図0.1のとおりです。本書では、このように言葉を使い分けます。

　データと似た概念として「情報」があります。情報は、データやデータセットを評価（意味づけ）したものです。たとえば、気温のデータから得た

　　東京ではこの1週間毎日、最高気温が前日よりも上昇した

という結果は情報となります。情報はデータにもとづいているものの、データそのものではありません。データを加工して評価（意味づけ）をする、つまり、情報を得る過程が**データ分析**です。

データ分析と統計学

　データ分析について、もう少し具体的に説明します。

　データを測定した対象について、測定結果を掘り下げてそのデータが生じた原因を考えることや、何かしらの仮説を提示することがあります。たとえば、前項に出てきた気温の例であれば、ある場所で1週間毎日、最高気温が前日よりも上昇したことについて、その原因は何なのか、それが今後も続くとしたらその理由は何なのか、といった調査をすることがあるでしょう。これがデータ分析の例です。経営・商学ではたとえば、新しい人事制度の導入によって従業員の意識がどう変わったかとか、キャンペーンが顧客の行動に影響を与えたかを調査する際にデータ分析が有用です。

　一方、統計学では、データを測定した対象について、その性質や傾向を数量的に示すことを目指します。同じく気温の変化を例にすると、注目している場所の気温の上昇は、過去の同時期の変化とどのように異なるのか数量的

に調査することなどを指します。統計学はデータ分析の重要な一部と考えられ、経営・商学を学ぶうえで必要不可欠な手段であることがわかります。

割り切れない割り算

統計学では、データとして得られた数値を用いてさまざまな計算をします。その計算過程で割り算が現れ、割り切れない結果が得られることが少なくありません。授業やテストでそうした問題を出すと、学生からは「割り切れない場合、どこまで計算すればよいですか?」と頻繁に訊かれます。しかし、これは一概には答えられません。また、現実の問題では、事前に「小数第○位まで計算してください」と教えてくれる人は存在しません。問題に応じて自分で考える必要があります。

本書の例題・練習問題では2.83や0.0137のように、計算結果は原則として3桁に収めています(4桁目を四捨五入)。ただし、問題に応じて(人数を求めるのか、売上を予測するのかなどの違いによって)結論に用いる数字の桁数は変えました。機械的に桁数を決めるのではなく、「考えている対象について、どこまで細かな数値を求める意味があるか?」という視点を身につけてください。

実際に手を動かそう

「データ分析と統計学」の項で述べたように、統計学はデータ分析をおこなうための重要な手段です。必須ツールと考えてもよいでしょう。統計学にはさまざまな数式が登場します。本書の読者には、厳密に数式を理解することより、まず統計学というツールを使いこなせるようになってほしいと考えます。そのためには、実際に手を動かしてツールの効果を実感することが重要です。

本書では、それぞれの単元を、直感的に解ける例題からはじめました。この例題を自分で解きながら、説明を読み進めてください。そして、説明の後には例題と類似の練習問題を設けたので、それも解くことで理解の定着を図ってください。なお、練習問題にも解説・解答を用意したので、活用していただければ幸いです。

本書はExcelなどの表計算ソフトを使った統計の解説本ではありませんが、

これらのソフトの利用が効果的な内容を扱う単元もあります。そのような単元では、例題の解説の中で表計算ソフトの利用例を示しました。これらは、表計算ソフトを使ってご自身で実習してみましょう。

本書の構成と進め方

　「統計学」とひと口に言っても、その範囲はとても広く、本書ですべてを扱えるわけではありません。また、統計学は大きく「記述統計」と「推測統計」に分けられます。本書では記述統計と推測統計の一部を扱います。

　記述統計は、得られたデータそのものの特性を調べるものです。Chapter 1〜4で扱う内容は記述統計の範囲です。平均や分散など、みなさんが高校までの数学で目にした（はずの）概念も登場します。

　一方、**推測統計**は、調査対象について得られたデータから、対象が属している集合全体（母集団と呼びます）の特性を推測するものです。Chapter 5以降で扱います。「推測」という名称から明らかなように、集合全体の特性は断定的に求めることができず、あくまで「もっともらしいもの」しか求まりません。このような、「もっともらしさ」や「確からしさ」を扱う手法が確率です。そこでChapter 7〜9では、確率について取り上げます。

　推測統計は非常に広範な分野で、本書ではすべてを取り上げることができません。経営・商学を学んでいくうえで必要となる手法を中心に取り上げました。その中でも、Chapter 6、13、15、16は初学者にとってはややハードルが高い内容なので、後回しにしてもかまいません。

　学生のみなさんは研究において、実務家のみなさんは業務において、統計的手法を必要とするでしょう。そうした場面では、あくまでも入門書である本書の内容では不十分かもしれません。そのような方は本書を読み終えたら、統計学の中級レベルの専門書に挑戦してみてください。巻末にいくつか推薦図書リストを用意したので、参考にしてください。

An Introduction to
Statistics for Business and Commerce

Part I | データの 全体像をつかむ

Part Iでは、観測されたデータを読み取り、その全体像をつかむ方法を学びます。データを読み取ってグラフとしてわかりやすく表現することや、データ全体の特徴をある数値や式として示すことはデータ分析の第一歩です。

| Chapter **1** |

データの可視化
―― 数字の羅列をグラフにしよう

Chapter 1では、データ分析の第一歩としてデータ可視化について考えます。データの可視化とは、おもにグラフの描画のことです。グラフについては、皆さんこれまでさまざまな場面で描いたことがあると思いますが、改めてそのお作法などを確認します。

1.1 ◆ グラフの描画

例題 1.1

表1.1 〜 1.3のデータをグラフとして描きます。（ ）内に述べた目的に沿って、それぞれ適切なグラフで表してください。

表1.1 **ある企業の事業部別の売上高**（どの事業部が多いのか知りたい）

事業部	A	B	C	D	E
売上高（億円）	17	26	12	24	21

表1.2 **ある資源の年別採掘量**（採掘量の時系列変化を知りたい）

年	2013	2014	2015	2016	2017
採掘量（トン）	17	26	12	24	21

表1.3 **夏休みの思い出に関する学生への調査結果**（何が大多数を占めるのか知りたい）

項目	部活・サークル	遊び	勉強・留学	旅行・帰省	特にない
割合（%）	17	26	12	24	21

　データは**表**の形で示されることが多いですが、ほとんどの表は数字の羅列です。人間にとって、それだけを見てデータ全体の特徴を把握することは困難です。**グラフ**を描くことは、端的に言えば、人間が目で見て把握しやすいよう、データをわかりやすく表現することに相当します。そのような作業をデータの**可視化**と言います。

　グラフにはさまざまな種類があるので、扱うデータによって適切なものを選ばなければなりません。ここでは棒グラフ、折れ線グラフ、円グラフ、帯グラフを紹介します。

大小関係を比較しやすい——棒グラフ

　まず、棒グラフと折れ線グラフはデータの量（大きさ）を縦軸にとる点が共通です。横軸にはデータの量に対応する項目名（グループ名）や値（日付）をとります。その中で**棒グラフ**は、横軸のそれぞれの項目名や値に対して縦軸の値を棒状で表します。これによって、横軸がどの値のときにデータが最大値・最小値をとるのかといった、データの大小の比較が容易になります。

　表1.1のデータは事業部別の売上高を示していました。企業経営においては、どの事業部の売上がもっとも多いのか（少ないのか）を調べる場面があります。そのような用途を考えると、図1.1のような棒グラフを描くのが適

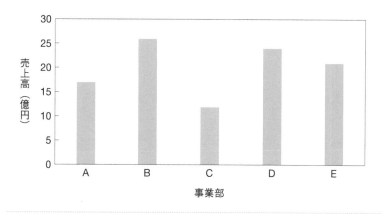

┊図1.1┊ある企業の事業部別の売上高

単純にデータの大小を比較したい場合には、棒グラフが適切。事業部Bの売上高がもっとも高いことや、Cがもっとも低いことがひと目でわかる

切でしょう。

増加や減少を把握しやすい──折れ線グラフ

折れ線グラフは横軸上でとなり合う項目・値のデータどうしを直線でつないでつくるグラフです。となり合うデータの大小に応じて線が折れ曲がることから、折れ線グラフと呼ばれます。折れ線グラフでは、横軸が大小関係を示す値や時間の変化を表すときに、データが横軸の値に応じて増加しているのか、減少しているのかという変化の傾向を把握することができます。さらに、線の傾きから増加や減少の度合い（急激な変化なのか、緩やかな変化なのか）を把握することもできます。

表1.2のデータを使って、資源の採掘量の時系列変化を表すことができるでしょう。よって、図1.2のような折れ線グラフを描くのが適切だと考えられます。棒グラフを描いても誤りではありませんが、採掘の増減の傾向をつかむには折れ線グラフのほうが適当です。

割合をつかみやすい──円グラフと帯グラフ

棒グラフや折れ線グラフにはなく、**円グラフ**にある特徴として、データ全体に対する各データ値の割合の表示が挙げられます。データ全体を円で表し、

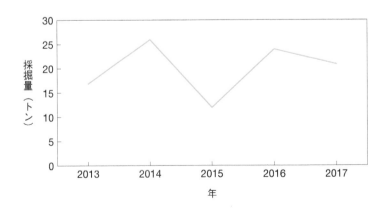

│ 図1.2 │ ある資源の年別採掘量
データの時系列変化を見たい場合は、折れ線グラフが適切

各データをその全体に占める割合に比例した角度の扇の形で表します。これにより「各データが全体のどれだけを占めているのか？」「各データは全体を等分しているのか？」をつかむことが可能となります。

表1.3のデータから、「部活・サークルと遊びが、全体の半分を占めるのか？」といったことが知りたいとすれば、図1.3のような円グラフを描くのが適切でしょう。

割合を表す手段としては、円グラフのほかに帯グラフもあります。**帯グラフ**は全体を長方形（帯）で表し、それを各項目の割合に応じて分割していく

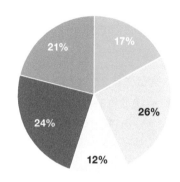

■部活・サークル　　遊び　　勉強・留学　■旅行・帰省　■特にない

| 図1.3 | 学生への調査結果：夏休みの思い出について

各データの全体に対する割合を可視化したい場合は、円グラフが適切

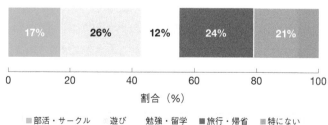

■部活・サークル　　遊び　　勉強・留学　■旅行・帰省　■特にない

| 図1.4 | 学生への調査結果：夏休みの思い出について

図1.3と同じデータ。割合を可視化するのに適当な手段としては、円グラフだけでなく帯グラフもある

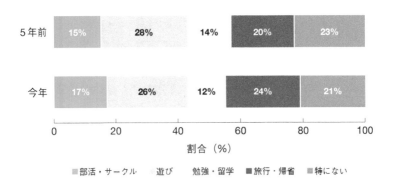

| 5年前 | 15% | 28% | 14% | 20% | 23% |
| 今年 | 17% | 26% | 12% | 24% | 21% |

■部活・サークル　　遊び　　勉強・留学　■旅行・帰省　■特にない

| 図1.5 | 帯グラフを用いた調査結果の比較

複数回おこなわれた調査結果について割合の変化を表現する場合、円グラフよりも帯グラフのほうが適当

ものです。表1.3のデータを帯グラフで表せば、図1.4のようになります。

　なお、帯グラフでは割合の変化を表現しやすいという利点があります。た とえば、表1.3と同様の学生への調査結果が5年前にも得られていたとしま す。2回の調査結果を帯グラフで表すと図1.5のようになります。各項目の割 合が増加・減少しているのか、円グラフを並べるよりわかりやすいでしょう。

ルールはない

　ここで注意していただきたいのは、「データに応じてどのグラフを描くべ きか」を定める明確なルールはないということです。表1.3のデータでも、 たんに項目ごとの大小を知りたいのであれば、棒グラフを描けば目的を達成 できます（異なる角度〈開き具合〉で描かれた扇形の大きさの違いはひと目 ではわかりにくいので、大小関係だけを知りたい場合に円グラフを描くのは 適切とは言えません）。グラフを描くことによってデータをひと目で理解し たいのですから、「何を理解したいのか？」という目的を達成するために最 適なグラフを選ぶ必要があります。

　この点に注意して、次の練習問題に挑戦してみましょう。

練習問題 1.1

3つのデータがあり、以下のようなことが知りたいとします。それぞれ（ア）棒グラフ、（イ）折れ線グラフ、（ウ）円グラフのどのグラフを描くのがもっとも適当か選んでください。

① 200人の大学生に睡眠時間のアンケートをとり、1時間刻み（1時間未満、1時間以上2時間未満、……）で人数を集計した。寝不足（睡眠時間6時間未満）の人の割合を知りたい。

② 1時間おきに気温を24時間計測した。急激に気温が上がる・下がる時間帯を知りたい。

③ 1学年5クラスある学校で学年統一テストを実施した。各クラスで90点以上をとった生徒の数を調べた。どのクラスに優秀な学生が多いかを知りたい。

COLUMN 1

立体円グラフにはご注意を!

グラフは目的に応じて適したものを選択するべきですが、人によって目的が異なることに注意が必要です。

たとえば、Excelなどの表計算ソフトには、立体円グラフの描画機能が備わっている場合があり、使ってみたくなるかもしれません。しかし、立体円グラフが目的に適しているかよく考える必要があります。円グラフも立体円グラフも似たようなものと思われるかもしれませんが、実際はどうでしょうか。A、B、Cそれぞれが1/3ずつを占めるデータを円グラフと立体円グラフで描くと、図1.6のようになります。

立体円グラフ（図1.6 (b)）を見ると、手前に位置するBがAやCよりも多い（大きい）ように錯覚しませんか？　テレビの報道番組などでは、立体円グラフをよく見かけます。その中には、実際には割合の小さいデータを手前に配置して、大きさを誇張して伝えているものもあります。一部のデータの割合を誇張するために立体円グラフが用いられているとすれば、"伝える側の意図に適したもの"を選択した例と言えるでしょう。

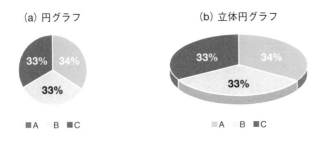

|図1.6| 円グラフと立体円グラフ

(a)と(b)は同じ内容を表すグラフだが、印象が異なる。逆に考えると、どのタイプのグラフでデータを表現するかによって、印象を操作できる可能性がある

　図1.6では、A、B、Cそれぞれのデータ値が書かれているので、よく見れば等分であることがわかります。もし、データ値の書かれていない立体円グラフが示されたら要注意です。また、グラフを描く際には、それを見る側が誤解する可能性が高いので、立体円グラフを使うべきではありません。

1.2 ◆ グラフ作成の注意点と対数目盛り

例題 1.2

　グラフを描く際、以下の事柄は守るべきでしょうか？
①　グラフにはタイトルをつけ、縦軸や横軸にもそれぞれが表す内容の説明を添える。
②　縦軸は、表す値がとりうる範囲全体をふくむ。
③　縦軸や横軸は等間隔で値を刻む。

　グラフを描くことによってデータをひと目で理解できるようにするという観点から、考えてみましょう。

グラフに必要不可欠な要素

　対象のデータのことをまったく知らない第三者に、タイトルのないグラフや、横軸や縦軸が何を表すのかが示されていないグラフを見せて、理解してもらえるでしょうか？　どう考えても無理ですね。論文やレポートなどにグラフを挿入する際は、たとえ文章の中でその内容を説明しているとしても、グラフ自体にタイトル、縦軸・横軸の名称を添える必要があります。つまり、①は<u>守るべき事柄</u>だと言えます。

グラフで示すべき範囲

　次に縦軸の範囲について考えましょう。架空のデータではありますが、図1.7のグラフは、A〜Cの3つの携帯電話会社に関する携帯電話の接続率を示しています。接続率とは、日本の国土全体に対してどのくらいの範囲で携帯電話を利用できるかを表す数値です。したがって、その値は0%（利用できる場所はない）から100%（全国すべての場所で利用できる）となります。この図を見ると、A、B、C社いずれも100%に近い接続率を達成していて、ほとんど違いがありません。日本の通信環境の良好さを示すことが目的であれば、このグラフは十分に役割を果たしてくれます。

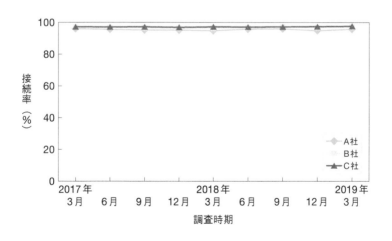

| 図1.7 | 携帯電話の接続率

接続率を0〜100%で表示。A〜C社いずれも100%近い接続率を達成している

　しかし、目的によってはグラフの縦軸の範囲を変えるべきかもしれません。携帯電話会社にとって、他社よりも高い接続率は顧客獲得につながるアピール材料と言えるでしょう。じっさい、各社は接続率向上のために投資をおこなっています。もしわずかでも他社より高い接続率を有するならば、その優位性を示すデータを可視化するはずです。そのような目的があるならば、縦軸の範囲を94％以上に限定した図1.8のグラフを作成するのはどうでしょうか？　接続率0〜94％の範囲には読み取れる情報はほとんどないので、省略してもまったく問題ありません。また、C社の営業マンであればこの図を使って、「2年間で接続率1位」とアピールすることができますね。

　例題1.2②は必ず守るべき事柄ではないということです。ただし、グラフ

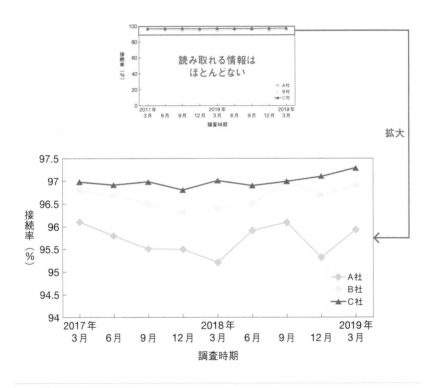

拡大

|図1.8|　携帯電話の接続率

上図は図1.7の再掲。下図は、図1.7の縦軸94〜97.5％の範囲を拡大したもの。図1.7では見えなかったA〜C社の接続率の差が可視化されている

を見る側は「縦軸が示す範囲は、描き手によって調整されている可能性がある」ということを、つねに頭に入れておく必要があります。

グラフの値の間隔

　グラフで表現する値の中には、値が急激に増える（減る）データがあります。たとえば、ハイパーインフレーションを考えましょう。物価が上昇することをインフレと呼びますが、急激に進行するインフレがハイパーインフレです。極端なハイパーインフレでは、物価が1年で100万倍にもなることがあります。この物価の変化をグラフで表す際、値を等間隔で刻んでいると、縦方向にとてつもなく大きなグラフを作成しなければなりません（ハイパーインフレ前の物価を1目盛りとして、長さ1mmで表した場合、100万倍に上昇した物価を表すには1km以上の長さの縦軸が必要になります）。

　そのようなデータを常識的な大きさのグラフで示すためには、図1.9のように、桁の増減を等間隔で刻む手法があります。つまり、縦軸の「1と10の間隔」と、「10と100の間隔」や「100と1000の間隔」とが等しい長さで描

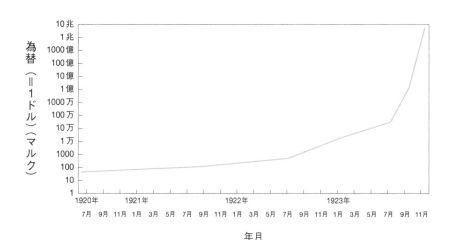

| 図1.9 | 第一次世界大戦後のマルクの対ドル為替レート

マルクは当時のドイツの通貨。宋鴻兵『通貨戦争』（橋本碩也 監訳、河本佳世 訳、武田ランダムハウスジャパン、2010）のデータをもとに作図

かれているのです。このグラフは、第一次世界大戦後のドイツにおけるハイパーインフレの状況を表しています（実際のデータです）。1ドルが1920年7月には40マルクであったのが、1923年末には4兆マルクまで急激に上昇したことを見て取れます。

　この例から、例題1.2の③は必ず守るべき事柄ではないとわかります。

　縦軸や横軸で桁の増減を等間隔で刻む目盛りのことを、**対数目盛り**と呼びます。見方に注意を要しますが、対数目盛りのグラフを描くことは禁じられておらず、データがとりうる範囲など、その特徴に応じて積極的に利用すべきです。横軸に対数目盛りを用いてもかまいませんし、縦軸と横軸の両方を対数目盛りにするのもかまいません。

対数とは

　対数目盛りを理解するために、「対数」について説明します。**対数**とは、「値aを何乗したら値bになるか？」を表すもので、$\log_a b$と表します（ただし、aは1でない正の数、bは正の数です）。式で表すと、

$$a^x = b \ \Leftrightarrow \ x = \log_a b$$

という関係になります。このときaの値を**底数**、bの値を**真数**と呼びます。

　具体的な数値を使って、対数の感覚をつかみましょう。たとえば、$8 = 2 \times 2 \times 2 = 2^3$ですから、$\log_2 8 = 3$となります。また、$10 = 10^1$ですから、$\log_{10} 10 = 1$となり、$10^2 = 100$ですから、$\log_{10} 100 = 2$となります。つまり$\log_{10} 10$を1目盛りとして数直線を描けば、桁が1つ増えると目盛りが1つ増えることになります。これが対数目盛りです。

　これまでの例から、以下の関係が成り立つことがわかります。

$$\log_a b^c = c \times \log_a b$$
$$\log_a a^c = c$$

　対数に慣れるため、次の練習問題に挑戦してみてください。

練習問題 1.2

以下の対数について値を求めてください。

① $\log_2 2$

② $\log_2 4$

③ $\log_{10} 10000$

④ $\log_{10} 1000000$

また、対数目盛りを使ったグラフの作成にも挑戦してみましょう。

練習問題 1.3

表1.4は、1ビットコインの値段を表しています。通常の目盛りと対数目盛りを使って値段の推移を表すグラフを描いてください。

| 表1.4 | 1ビットコインの値段の推移 |

日付	2015年1月	2015年7月	2016年1月	2016年7月	2017年1月	2017年7月	2018年1月	2018年7月
値段(円)	27,263	35,421	44,144	63,937	108,192	315,083	1,656,187	771,118

COLUMN 2

ハイパーインフレが生んだ超高額紙幣

対数目盛りの利用例として、ハイパーインフレ時の物価の推移を考えました（図1.9）。ハイパーインフレでは、物の値段が急激に上昇します。1万円で買えたものが、1ヵ月後に買おうとすると300万円必要になる、ということが起きます。1万円札1枚で生活できていたのに、1ヵ月後には毎日数百枚のお札を持ち歩かないと生活できなくなるわけです。

1.2節では第一次大戦後のドイツで起きたハイパーインフレを見ましたが、ここでは別の例を紹介します。アフリカのジンバブエでは2000年代に入って物価が上昇し、2008年にはハイパーインフレとなり、1年間で物価が14桁も上昇しました。この状況で、それまで発行され

ていた紙幣で買い物をしようとすると、大変です。たとえば小麦1 kg を買うために、トランクに大量の紙幣を詰めて持ち運ぶことになります。買う側も売る側も、大量の紙幣を受け渡したり数えたりするのは不便でなりません。したがって、このようなハイパーインフレになると、国は高額紙幣を発行せざるをえなくなります。ジンバブエでは最終的には、100兆ジンバブエドル札（図1.10）という超高額紙幣も発行されました。

| Chapter **2** |

度数分布表・ヒストグラム
──データの分布を可視化しよう

Chapter 1では表で示されたデータをグラフ化しました。たとえば、値段の推移については観測されたデータがそのまま表になっていますが、頻度や割合などの表には集計された値が書かれていました。本章では、頻度を表すことについて考え、観測されたデータの集計方法や可視化の方法を考えます。

2.1 ◆ 集計

例題 **2.1**

ある演習授業で、履修希望者に学年と所属コースのアンケートをとったところ、20人分のデータが集まりました（表 2.1）。どの学年、どのコースに希望者が多いでしょうか？

| 表 2.1 | **履修希望者 20 人の学年と所属コース**

学年	所属コース	学年	所属コース
4年生	経営コース	3年生	情報コース
3年生	情報コース	2年生	経営コース
2年生	情報コース	2年生	経営コース
2年生	情報コース	3年生	経営コース
3年生	経営コース	3年生	情報コース
2年生	経営コース	3年生	経営コース
4年生	会計コース	4年生	情報コース
3年生	情報コース	2年生	情報コース
4年生	会計コース	3年生	経営コース
2年生	情報コース	3年生	情報コース

　表2.1の20個のデータはそれぞれ（X年生, Yコース）という2つの値から構成されます。また、それぞれの値は範囲が限定されており（Xは1、2、3、4のいずれか、Yは会計、経営、情報のいずれか）、異なるデータ（学生）でも同じ値をもつ場合があります。このようなデータが得られた場合、それぞれの値がどれだけふくまれているか（頻度）を調査することがあります。例題2.1で問われているのは、まさにそれです。どの学年・コースに履修希望者が多いかという情報は、担当教員にとって授業の内容やレベルを調整するうえで重要です。

　頻度の大小を比較する場合に棒グラフが有効なことは前章で見たとおりですが、棒グラフを描くためには、各学年または各コースにどれだけ履修者がいるかを知る必要があります。このように各値を示すデータがいくつあるのかを求める作業を**集計**と言います。

　学年（*X*）とコース（*Y*）の各値について該当するデータの個数を求めましょう。学年については、2年生：7人、3年生：9人、4年生：4人となり、履修希望者は3年生にもっとも多いことがわかります。一方、コースについては、経営コース：8人、情報コース：10人、会計コース：2人となり、情報コースに履修希望者が多いことがわかります。

　本章ではこの後、データについて、「どのようなフォーマットで集計をおこなうべきか？」などを考えていきます。

2.2 ◆ 度数分布表とヒストグラムのつくり方

例題 2.2

　表2.2のデータはある講義科目の期末試験の結果です。この講義で
は、期末試験の点数のみで成績が評価され、90点以上をS、80点以上
90点未満をA、70点以上80点未満をB、60点以上70点未満をC、そし
て60点未満をDとされます。各成績評価に該当する人数をグラフと
して可視化してください。

| 表2.2 | 学生20人の期末試験の結果 (点) |

89	55	59	85	80
83	80	83	73	36
69	88	76	90	88
72	83	81	68	80

　集計すると、S：1人、A：11人、B：3人、C：2人、D：3人となります。こ
の集計では、「80点以上90点未満」といったデータの値（得点）のとる範囲
を定義し、そこに「A」といったラベルを付与しました。そして各範囲に入
るデータの個数を求め、ラベルにその数を対応させたのが、上記の結果で
す。

　このデータの値がとる範囲を**階級**と呼び、各階級に付与されるラベルを**階
級値**と呼びます。そして各階級に属するデータの個数を**度数**と呼びます。デ
ータの全個数もわかるので、各階級に属するデータが全体に占める割合を集
計することもできます。この割合は**相対度数**と呼ばれます。

　この例題のように、多数のデータが得られたときに、その値の範囲を区切
って整理することがあります。データの値が数通りしかないようなデータ
（例題2.1のような場合）では、このような整理をする必要はありません。し
かし、細かい差まで観測されるデータを扱う場合には、データ集合の全体的
な特徴・傾向をつかむために、一定の範囲に入るデータをひとまとめにする
ような整理が必要になることがあるのです。

度数分布表からヒストグラムへ

以上の情報を1つの表にまとめると、表2.3のようになります。このような表を**度数分布表**と呼びます。データがある範囲内に散らばって存在することを分布と呼びますが、分布の状態を度数（データの個数）で表したものが度数分布表です。

度数分布表から、横軸を階級値、縦軸を度数または相対度数として棒グラフを描くことができます。この棒グラフを**ヒストグラム**と呼びます。表2.3

| 表2.3 | **度数分布表**

表2.2をもとに作成した

階級	階級値	度数	相対度数 （％）
90点以上	S	1	5
80点以上90点未満	A	11	55
70点以上80点未満	B	3	15
60点以上70点未満	C	2	10
60点未満	D	3	15
	合計	20	100

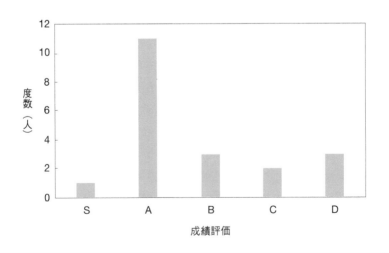

| 図2.1 | **ヒストグラム**

表2.3をもとに作成した

の度数分布表の階級値と度数を用いて作成したヒストグラムは図2.1のようになります。

階級の分け方

　度数分布表を作成するには、階級を定義する必要があります。例題2.2では、各成績評価が点数の範囲として与えられており、それを階級として利用することがあらかじめ決まっていました。しかし、与えられたデータから度数分布表を作成する際は、階級について何も決まっていない場合も多く存在します。そうすると、「いくつに分けたらよいのだろうか？」「各階級の範囲はどうするか？」といったことを分析者自身が考えなくてはいけません。

　階級の分け方に、確たるルールは存在しません。極端に細かく階級を分けてもよいですし、全体を1つの階級にしても間違いではないのです。しかし、度数分布表はデータがどのような範囲にいくつあるのかといった傾向を把握するためにつくるのですから、階級の数が多すぎても少なすぎても有効な表になりません。

　このようなとき、階級の数を求めるための経験的な手法として**スタージェンスの公式**というものがあります。それは、n個のデータがあるときに推奨される階級の数を計算する式で、次のとおりです。

スタージェンスの公式：

$$階級の数 = 1 + \log_2 n \qquad\qquad [2.1]$$

　$\log_2 n$は2を底とするnの対数を表します（1.2節参照）。たとえば32個のデータがあったとすれば（$n = 32$のとき）、$1 + \log_2 32 = 1 + 5 = 6$となり、全体を6個の階級に分ければよい、ということが式［2.1］からわかります。

　ただし、この公式は経験的に得られたものです。つまり、「なんとなく、この公式を使って階級を分けると、うまくいくことが多い」というものでしかありません。理論的な裏づけがあるわけではなく、必ずうまくいく保証はないのです。ですので、最終的には分析者が調整して階級を決める必要があります。

　こうして決めた階級数で対象データの最大値と最小値の幅を割れば、均等

な階級幅が求まります。このとき、表の解釈が容易になるよう、階級の幅や階級の範囲を調整することが重要です。また、例題2.2のように値の範囲が決まっている（0点から100点）場合には、一番上・一番下の階級はその幅をほかの階級と変えることもあります。

練習問題 2.1

表2.4のデータに対して度数分布表を作成しようとしています。階級の数をいくつに設定すればよいでしょうか？

表2.4 | **学生50人の身長** (cm)

176	170	163	173	170	171	165	170	176	156
166	168	173	178	174	180	177	174	174	172
156	166	167	164	175	175	176	169	173	171
167	177	170	164	175	173	182	177	173	170
166	160	178	172	176	169	164	170	171	166

練習問題 2.2

練習問題2.1のデータ（表2.4）から以下の度数分布表（表2.5）を完成させ、ヒストグラムを描いてください。

表2.5 | **度数分布表** （未完成）
表2.4をもとに階級を6つに分けて作成したが、「度数」と「相対度数」はまだ埋まっていない

階級	階級値 (cm)	度数	相対度数 (%)
155cm以上160cm未満	157.5		
160cm以上165cm未満	162.5		
165cm以上170cm未満	167.5		
170cm以上175cm未満	172.5		
175cm以上180cm未満	177.5		
180cm以上185cm未満	182.5		
	合計	50	100

COLUMN 3

底の変換公式

　対数の計算は、スマートフォンの電卓アプリで実行できます。たとえば、iPhoneの電卓アプリは横向きにするとさまざまな計算機能が表示され、その中には「log」のボタンがふくまれます。しかし、このボタンをよく見ると、"$\log_{10}$"と書かれています。この電卓では、底が10の対数しか扱えないのです。「100」を入力してこのボタンを押すと、$\log_{10}100$の値が計算され、「2」が表示されます。

　残念ながら、この電卓で対数の底を10以外の数に変更することはできませんが、ちょっと工夫すれば任意の対数を計算することができます。その工夫というのは、次に示す「底の変換公式」を利用することです（証明は略）。

$$\log_a b = \frac{\log_c b}{\log_c a} \quad ただし、a, b, c > 0, a, c \neq 1$$

　この公式に$c = 10$を代入すれば、"$\log_{10}$ボタン"だけで任意の対数を計算可能です。たとえば、$\log_2 50 = \dfrac{\log_{10} 50}{\log_{10} 2}$であり、右辺の分母と分子はそれぞれ電卓で計算できるので、$\log_2 50$の値も計算できるわけです。

| Chapter 3 |

代表値・分散
——データ全体の特徴を数字で表そう

第2章では、データを集計し可視化する手法として、度数分布表とヒスト
グラムを紹介しました。度数分布表やヒストグラムをつくることでデー
タの特徴を容易にとらえることができますが、その特徴を自分以外の人
に簡潔に伝えるという点では不十分です。**本章では、データの特徴をひと
つの数字で表す方法を学びます。**

3.1 ◆ 代表値

　大量のデータを簡潔に表す方法として**代表値**があります。代表値とは、収
集したデータの全体的な特徴を端的に表す値のことです。代表値にはいくつ
かの種類がありますが、本節では、代表的な3つを紹介します。

平均

例題 3.1

　次のデータセット（データの集合）は、ある月に8人の営業部員が
獲得した契約の数です。契約件数の平均を求めてください。

　1, 5, 7, 8, 11, 15, 20, 21（件）

　平均（mean）は代表値の一種で、数の集合に対してその中心の位置を指
します。じつは、中心の位置にはさまざまな考え方があります。そのため平
均には算術平均（相加平均）、幾何平均（相乗平均）、調和平均といった種類
があり、厳密な使い分けが求められる場合もあります。ただ、とくに指定し

ない場合は、算術平均を平均と呼ぶと考えてかまいません。この本でも算術平均を平均と呼びます。

n個のデータ $x_1, x_2, \cdots, x_n$ に対して、平均は次式で定義されます。

平均（算術平均）の定義式：

$$\bar{x} = \frac{x_1 + x_2 + \cdots + x_n}{n} \qquad [3.1]$$

例題で与えられたデータは8個です（$n=8$）から、平均を求めるには、データの総和を8で割ればよいのです。したがって

$$\frac{1 + 5 + 7 + 8 + 11 + 15 + 20 + 21}{8} = \frac{88}{8} = \underline{11}\ （件）$$

となります。

ところで式［3.1］では、$x_1, x_2, \cdots, x_n$ の和を $x_1 + x_2 + \cdots + x_n$ と書きました。データの数を n 個と一般化したため、途中（x_3 から x_{n-1} まで）の項を「$\cdots$」という記号で省略しています。数列の和をさらに簡潔に表す方法があるので、紹介しましょう。

数列の和を表す記号として Σ（18番目のギリシャ文字「**シグマ**」の大文字です）があり、$x_1, x_2, \cdots, x_n$ の和は Σ を用いて次式で表されます。

$$x_1 + x_2 + \cdots + x_n = \sum_{k=1}^{n} x_k$$

右辺のシグマ記号の右側に書かれた「x_k」は、数列の各項を一般化したものです。シグマ記号の上下に書かれた「$k=1$」と「n」で、和をとる x_k の範囲が指定されます。$\displaystyle\sum_{k=1}^{n} x_k$ の意味を文章で表せば、「$k=1$ の x_1 から $k=n$ の x_n まで、すべての k について x_k を足す」ということです。Σ（シグマ）はアルファベットのSに対応します（Sはアルファベットでは19番目で、ギリシャ文字の中での順番とは異なりますが）。総和を英語でsummationと呼ぶので、そこから生まれた記法と考えられます。

Σ を使った総和の表現は本章の後半や後の章でも出てくるので、慣れておきましょう。

練習問題 3.1

次の2つのデータセットについて平均を求めてください。

① 過去5回の決算での売上高：5, 8, 9, 12, 19（億円）
② ある人が保持している8銘柄の株について保持年数：1, 1, 1, 2, 2, 3, 4, 5（年）

中央値

例題 3.2

ある人が保持している10銘柄の株について保持年数のデータセットがあります。この平均を求めてください。

1, 1, 1, 1, 2, 3, 4, 5, 16, 20（年）

これは、練習問題3.1の②のデータセットに似ていますが、2（年）が1つ減り1（年）が増えています。また、比較的大きな値のデータも追加されています。データ数は10ですから、平均は

$$\frac{1 \times 4 + 2 + 3 + 4 + 5 + 16 + 20}{10} = \frac{54}{10} = 5.4 \ （年）$$

です。10個のデータのうち8個が5以下ですが、平均の値は5より大きくなっています。16と20という2つのデータによって、平均の値が押し上げられているのです。

このデータセットのように、ほかのデータより極端に大きな値あるいは小さな値のデータがふくまれると、その値によって平均の値が押し上げられたり押し下げられたりします。そうした場合、平均がデータ全体を代表しているとは主張しづらいという問題があります。このようなときに使える代表値として、**中央値**（median：メディアン）があります。中央値の定義は次のとおりです。

中央値の定義：

観測されたデータを小さい（大きい）ものから順番に並べたときに中

央に位置するデータの値。データが偶数個ある場合、中央にある2つの
データの平均。

　データ数が奇数であれば、小さい（大きい）順に並べたとき中央に位置す
るデータは1つしかないので、中央値は自然と決まります。一方、データ数
が偶数の場合、中央に位置するデータは1つではなく2つです。この場合、
中央の2つのデータの平均が中央値となります。
　例題3.2では、データはすでに小さいものから順番（昇順）に並んでいま
す。そして、データ数が10なので、中央値は5番目と6番目のデータ（以下
の青い線で囲んだ2つ）の平均です。

　　1, 1, 1, 1, 2, 3, 4, 5, 16, 20

　よって、中央値は2.5（年）となります。先ほど求めた平均（＝ 5.4年）と
は異なる値になりました。中央値が必ず平均値と異なる値になるとは限らず、
近い値になったり一致したりすることもあります。

　練習問題3.2
　　次の2つのデータセットについて平均と中央値を求めてください。
　①　ある企業で各部署に配属された新入社員の人数：
　　　10, 10, 12, 15, 18, 20, 22, 30, 50, 187（人）
　②　ある9人の学生の校内模試での順位：
　　　130, 294, 213, 176, 152, 260, 311, 109, 288（位）

最頻値

　例題3.3
　　履修者が120人いる科目の成績分布が表3.1のようになりました。
　もっとも人数の多い評定はどれでしょうか？

表3.1	履修者120人の成績				
評定	S	A	B	C	D
人数	8	26	27	42	17

　Dが「不可」であるとすると、約14％（120人のうちの17人）が単位を落とすということで、ちょっと評価が厳しい科目かもしれません。ともあれ、<u>もっとも人数の多い評定がCであること</u>は、表から一目瞭然です。

　表3.1のCのように、もっとも度数の大きなデータ（階級）の値を**最頻値**（mode：モード）と呼びます。これも代表値の一種です。

最頻値の定義：
データセットの中でもっとも頻度の多い値

　Chapter 2で紹介した度数分布表やヒストグラムでは、もっとも度数の多い（大きい）階級値が最頻値となります。

　最頻値が出てくる身近な例として、マンションの宣伝広告が挙げられます。ときどき自宅の郵便ポストにマンションのチラシが投げ込まれていると思います。それを見ると、"最多価格帯"という文言が大きく書かれていることが多いです。最多価格帯とは、もっとも販売戸数が多い価格帯を指すので、これは最頻値と言えます。

　マンションのチラシには、なぜ最頻値が書かれているのでしょうか。

　マンションの購入を検討する際は、予算を決めるのがふつうです。大規模マンションになると、さまざまな間取りがあり、また、同じ間取りでも階や方角（窓の向き）によ

って値段が変わります。したがって、同じマンションでも、予算に収まる部屋と収まらない部屋がある可能性が高いです。また、人気のエリアに建てられたマンションで購入希望者が多い場合は、抽選をおこなうこともあるようです。

このような状況を考えると、マンションの購入予定者は「このマンションでもっとも多く売り出される部屋の価格は、自分の予算の範囲内か?」「もっとも多く売り出される部屋の間取りは、自身の用途に合うか?」といったことが気になるでしょう。したがって売る側は、消費者に最頻値である最多価格帯とその間取りを示すことが、限られた広告紙面で効果的に情報を伝えるという販売戦略上、有効なのです。

練習問題 3.3

図3.1は、表2.4に示した50人の学生の身長データにもとづくヒストグラムです。最頻値を求めてください。

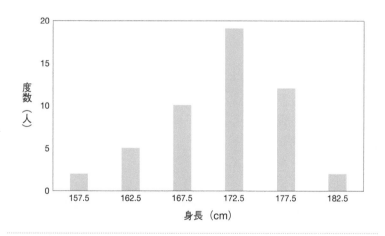

| 図3.1 | 学生50人の身長のヒストグラム

表2.4のデータにもとづく

COLUMN 4

何をもって「一般的」？

　年収、つまり、「1年間にどのくらい稼いでいるか？」は下世話な話題という面もありますが、興味を持つ人も多いはずです。では、「一般的な年収」とはどれくらいでしょうか？　人によってばらばらな年収を一般化して語ることはできるでしょうか？

　図3.2は、2015年に公表された男性の年収について、その分布を表すヒストグラムです。階級値の区切り方（幅）に注意してください。1000万円未満では100万円刻み、1000万円以上では500万円刻みになっています。そして、2500万円以上はすべてひとつの階級にまとめられています。

　この調査では平均年収は525万円でした。またヒストグラムから最頻値は300万円台であるとわかります。一方、このヒストグラムから中央値は400万円台のどこか（いちばん下の階級〈100万円以下〉か

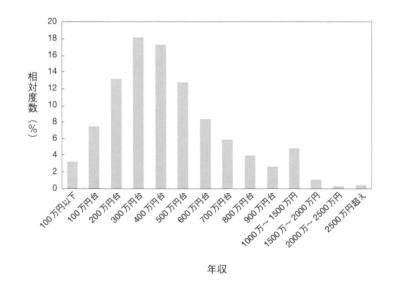

| 図3.2 | 男性の年収のヒストグラム

2014年におこなわれた調査の結果をもとに作成した（国税庁「平成26年分 民間給与実態統計調査 調査結果報告」〈2015〉）

ら割合を積算していくと、300万円台までで40％を超え、400万円台の割合が10％を超えているので、400万円台のどこかで50％を超えます）とわかります。平均が最頻値と中央値よりもずいぶん高いのは、年収数億・数十億円といった超高額所得者がいるためでしょう。超高額所得者は、図3.2では「2500万円超え」にひとまとめにされています。ともあれ、3つの代表値はかなりばらつくことがあるということです。

　ここで問題になるのは、「何をもって一般的ととらえるか？」です。単にデータの総和をデータ数で割った平均なのか、年収の高い（低い）順に並んだときのちょうど真ん中の人の値（中央値）なのか、もっとも割合の多い階級（最頻値）なのかによって、使う代表値は変わります。たとえば、大多数の成人男性に注目したい場合は、最頻値が「一般的」となるでしょう。また成人男性全員を年収額によって高年収・中年収・低年収の3グループに分け、中年収に注目したいのであれば、中央値が「一般的」となるでしょう。代表値が異なる場合、何を知りたくてその代表値を選んだかについて注意する必要があります。

3.2 ◆ 分散

　収集したデータ全体の特徴を端的に表す値が代表値でした。しかし、代表値だけではとりこぼしてしまう情報があります。本節では、代表値とは別の視点からデータ全体の特徴を表す値について考えます。

異なるデータセットでも、代表値は一致しうる

例題 3.4

　人工的に作成した以下の3種類のデータセットA, B, Cそれぞれについて、代表値（平均、中央値、最頻値）を求めてください。
A：0, 3, 3, 5, 5, 5, 5, 7, 7, 10
B：0, 1, 2, 3, 5, 5, 7, 8, 9, 10
C：3, 4, 4, 5, 5, 5, 5, 6, 6, 7

平均はそれぞれ、

$$A : \frac{0 + 3 \times 2 + 5 \times 4 + 7 \times 2 + 10}{10} = \frac{50}{10} = 5,$$

$$B : \frac{0 + 1 + 2 + 3 + 5 \times 2 + 7 + 8 + 9 + 10}{10} = \frac{50}{10} = 5,$$

$$C : \frac{3 + 4 \times 2 + 5 \times 4 + 6 \times 2 + 7}{10} = \frac{50}{10} = 5$$

となります。

次に中央値です。A、B、Cいずれのデータセットもデータ数は10で、左から昇順に並んでいます。したがって左から5番目と6番目のデータの平均が中央値となり、計算すれば5だとわかります。

また、A、B、Cのいずれも頻度（度数）がもっとも多いのは5なので、最頻値は5です。

つまり、A、B、Cのデータセットは3つの代表値（平均、中央値、最頻値）すべてが互いに等しく、その値は5です。

代表値は同じだが、分布は異なる

もうすこし例題3.4の3つのデータセットについて考えましょう。横軸にデータの値、縦軸にデータの個数（頻度）をとったヒストグラムをA、B、C

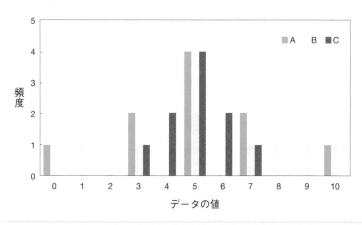

| 図3.3 | 3種類のデータセットA、B、Cのヒストグラム

について作成すると、図3.3のようになります。

このヒストグラムから、A、B、Cそれぞれについて、データがどのような範囲に存在しているか（分布）がわかります。それぞれまったく異なる分布をもったデータセットです。このことから、代表値だけでは、分布の違いを端的に示すのはむずかしいことがわかります。

3つのデータセットの分布の違いを定性的に（言葉で）表現してみましょう。AやBではデータが広範囲（0から10まで）に散らばっているのに対して、Cではデータが中央付近（3から7まで）に集中しています。前節で紹介した3つの代表値は、このデータの散らばり度合い（分布範囲の広さ／狭さ）をとりこぼしているのです。逆に言うと、代表値を求めるだけでなく、データがどのくらい散らばっているのかを定量化する（数値で表す）ことで、収集したデータの特徴の新たな側面を記述することが可能になると考えられます。

散らばり度合いを表す指標——分散と標準偏差

データの散らばり度合いを表す指標として**分散**があります。n個のデータ $x_1, x_2, \cdots, x_n$ があったとき、その分散（σ^2）は次式で定義されます（σはギリシャ文字で、シグマと読みます。和の記号として前節で紹介したΣの小文字です）。

> **分散の定義式：**
>
> $$\sigma^2 = \frac{1}{n}\sum_{k=1}^{n}(x_i - \overline{x})^2 = \frac{1}{n}\times\{(x_1-\overline{x})^2+(x_2-\overline{x})^2+\cdots+(x_n-\overline{x})^2\},$$
>
> $$\overline{x} = \frac{x_1+x_2+x_3+\cdots+x_n}{n} = \frac{\sum_{k=1}^{n}x_k}{n} \qquad [3.2]$$

ここで、各データの値と平均の差 $x_i - \overline{x}$ を**偏差**と呼びます。すると、分散は「偏差の2乗の平均」と読むことができます。妙にややこしい指標と感じたかもしれません。もう少し簡単にデータの散らばり度合いを表すことはできないのでしょうか？

偏差は個々のデータが平均からどれだけ離れているかを示す値ですが、データセット（全体）の散らばり度合いの指標にはなりません。かといって、

すべてのデータの偏差を単純に足し合わせてしまうと、相殺されてしまい（ゼロになり）、散らばり度合いが定量化されません。そこで、式 [3.2] で示した分散（σ^2）という指標が用いられるわけです。

さらに、分散の平方根（$\sqrt{}$）をとったものを**標準偏差**（σ）と呼びます。

標準偏差の定義式：

$$\sigma = \sqrt{\sigma^2} = \sqrt{\frac{1}{n}\sum_{i=1}^{n}(x_i - \overline{x})^2} \qquad [3.3]$$

標準偏差もデータの散らばり度合いを表す指標で、分散との違いは単位です。分散の単位は、もとのデータの単位を2乗したものになります。したがって、データと同じ単位の数値で散らばり度合いを示したい場合に、分散は使えません。そこで、データと同じ単位の散らばり度合いの指標として標準偏差が用いられます。

では、例題3.4のA、B、Cについて分散、標準偏差を求めてみましょう。まず、データセットAについて表3.2のような表をつくり、計算してみてください。この表を使った計算の手順は

① データの値から平均を求める
② 各データについて、①で求めた平均の値との差（偏差）を計算する
③ ②で求めた各データの偏差の2乗を計算する
④ ③で求めた各データの偏差の2乗の平均を求める
⑤ ④で求めた値の平方根を求める

| 表3.2 | 例題3.4のデータセットAを分析するための表

計算により①〜⑤を埋めていき、分散と標準偏差を求めよう

	データセットA										平均	平方根
データの値	0	3	3	5	5	5	5	7	7	10	①	
偏差					②							
偏差の2乗					③						④	⑤

です。表を使って、定義式［3.2］を構成する各部品を求めていることになります。④で求まる値が分散で、その平方根をとること（⑤）で標準偏差が得られます。データセットAについてこの手順で表3.2を埋めると、表3.3ができあがります。

よって、分散は6.6、標準偏差は$\sqrt{6.6} = 2.569\cdots = 2.57$です。データセットB、Cについても同様の表をつくって計算すると、それぞれ表3.4と表3.5のようになります。

これらの表から、データセットBは分散が10.8で、標準偏差が3.29となり、データセットCは分散が1.2で、標準偏差が1.10とわかりました。

こうして、3つのデータセットについてデータの散らばり度合いを定量的に（数字で）表すことができました。これらを先に描いたヒストグラム（図3.3）と比較すれば、

表3.3 │ 例題3.4のデータセットAの分析結果

	データセットA										平均	平方根
データの値	0	3	3	5	5	5	5	7	7	10	5	
偏差	−5	−2	−2	0	0	0	0	2	2	5		
偏差の2乗	25	4	4	0	0	0	0	4	4	25	6.6	2.57

表3.4 │ 例題3.4のデータセットBの分析結果

	データセットB										平均	平方根
データの値	0	1	2	3	5	5	7	8	9	10	5	
偏差	−5	−4	−3	−2	0	0	2	3	4	5		
偏差の2乗	25	16	9	4	0	0	4	9	16	25	10.8	3.29

表3.5 │ 例題3.4のデータセットCの分析結果

	データセットC										平均	平方根
データの値	3	4	4	5	5	5	5	6	6	7	5	
偏差	−2	−1	−1	0	0	0	0	1	1	2		
偏差の2乗	4	1	1	0	0	0	0	1	1	4	1.2	1.10

分散（標準偏差）の意味：

- 分散（標準偏差）が大きい ➡ データが広い範囲に散らばっている
- 分散（標準偏差）が小さい ➡ データが平均周辺の狭い範囲に集中している

ということがわかります。

練習問題 3.4

　次のデータセットはある学生の6月、7月の週末の勉強時間を表しています。分散と標準偏差を求めてください。

　　1, 4, 3, 0, 4, 7, 3, 2（時間）

異なるデータセットにふくまれるデータを比較する方法——偏差値

例題 3.5

　例題3.4のデータセットAとデータセットBは、いずれも10という観測値をふくみます。これらのデータは、値は同じですが、それぞれのデータセット内での位置づけは同じと言えるでしょうか？

　　A：0, 3, 3, 5, 5, 5, 5, 7, 7, 10
　　B：0, 1, 2, 3, 5, 5, 7, 8, 9, 10

　データセットA、Bとも平均は5ですが、分散は6.6と10.8で、分布（ばらつき具合）に違いがあることがわかっています。分散の小さいデータセットAのほうが、平均の近くに多くのデータが集まっています。したがって、同じ10というデータであっても、データセットAのほうでは上側に離れたところに単独で存在している（近い値のデータがない）ため、データセット内での位置づけは同じではないと考えられます。

　複数のデータセットがあった場合、通常、それらの平均や分散は異なります。ですから、同じ値のデータであっても、属すデータセットによってその位置づけは異なります。異なるデータセットにふくまれるデータどうしを比

較するためには、データセットの違いを消して"同じ土俵で比較する"方法が必要です。

"同じ土俵で比較する"ためにデータの値を変換したものとして、**偏差値**があります。偏差値は次式で定義されます。

> 偏差値:
>
> $$偏差値 = 10 \times \frac{データの値 - 平均}{標準偏差} + 50 \qquad [3.4]$$

この定義式から明らかですが、データセットの平均に等しいデータの偏差値は50となります。そして、平均よりも大きなデータの偏差値は50よりも大きな値、平均より小さなデータの偏差値は50よりも小さな値となります。偏差値が50より大きい（小さい）ほど、平均から上側（下側）に外れた値であることを意味します。

本例題のデータセットAにふくまれるデータ値10の偏差値は $10 \times \frac{10 - 5}{\sqrt{6.6}} + 50 = 69.46\cdots = 69.5$ となり、データセットBにふくまれるデータ値10の偏差値は $10 \times \frac{10 - 5}{\sqrt{10.8}} + 50 = 65.21\cdots = 65.2$ となります。

ところで、「偏差値」は受験勉強においてはおなじみの言葉ですね。模擬試験を受験すると、科目ごとに得点とあわせて示されたと思います。得点だけからは得られない情報が偏差値には込められていました。平均点や分散の異なる科目の結果について、あるいは異なる試験の結果について比較するために、偏差値は使えるのです。偏差値どうしを比べることで、どのくらい平均から離れているかを同じ土俵で評価することができます。

練習問題 3.5

模擬試験を受けたところ、数学・国語・物理の得点はいずれも70点でした。各科目について、受験者全員の結果から以下がわかっています。どの科目の成績がよかったと言えるでしょうか？

数学　平均＝50点　標準偏差＝20

国語　平均＝50点　標準偏差＝40

物理　平均＝30点　標準偏差＝20

| Chapter **4** |

散布図・相関係数
── 2つの変数を同時に扱おう

Chapter 2、3では1つの値からなるデータとその集合（データセット）について、集計や可視化の方法、そしてデータ全体を特徴づける代表値や分散・標準偏差の求め方を解説しました。本章では、2つの値からなるデータの集合について、可視化や傾向の定量化の方法を考えます。

4.1 ◆ 2次元データ

前章では、身長やテストの点数のデータを扱いました。これらは、調査の対象（この場合は人）に対して1つの変数（身長や点数）に注目し観測した

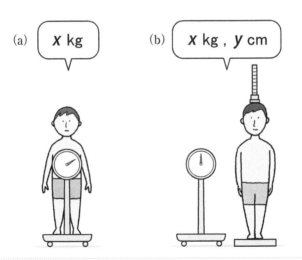

| 図4.1 | 1次元データと2次元データ

(a) 1つの調査対象について1つの変数を観測したデータは1次元データ

(b) 1つの調査対象について2つの変数を観測したデータは2次元データ

データでした。対象は複数の変数をもつことがあります。たとえば、人の体格や体型を調査する目的であれば、身長だけでなく体重や座高、腹囲といった変数にも注目する場合があるでしょう。試験結果を分析するのであれば、各受験生は複数科目の点数を変数としてもちます。

本章では、1つの対象から2つの変数が観測されるときのデータについて考えます。このようなデータを**2次元（2変数）データ**と呼びます（図4.1(b)）。これに対して、前章まで扱ってきたデータは1つの変数に関するデータなので、1次元データと呼びます（図4.1(a)）。

n個の2次元データがあるとき、それらは以下のように表されます。

$$(x_1, y_1), (x_2, y_2), \cdots, (x_n, y_n)$$

これらn個のデータがもつ傾向を把握する方法について、次節以降で考えていきます。

4.2 ◆ 散布図

例題 4.1

表4.1は、ある試験について10人の学生の結果（点数）を示したものです。横軸を世界史の得点、縦軸を英語の得点として、各データ（学生の試験結果）を点で表したグラフを作成してください。

| 表4.1 | 学生10人の世界史と英語の試験結果 |

世界史（点）	英語（点）
63	80
49	55
83	65
91	64
38	42
71	73
88	76
44	35
53	70
70	60

グラフづくりの手順を示しましょう。まずは、図4.2(a)のように、横軸

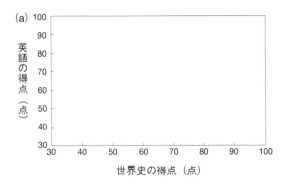

(a) 横軸に世界史の得点、縦軸に英語の得点をとることにした。いずれの試験においても、30点を下回る得点をとった学生はいなかったので、縦軸・横軸の範囲は30～100点とした

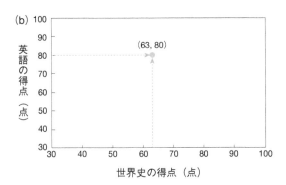

(b) 1番目のデータ（世界史63点、英語80点）をプロットした

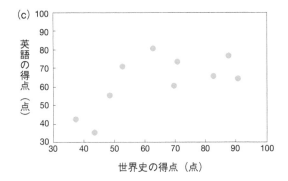

(c) 10個のデータすべてをプロットした

| 図4.2 | 世界史と英語の試験結果

に世界史の得点、縦軸に英語の得点をとります。

いま、1番目のデータは世界史の得点が63点、英語の得点が80点です。このデータをグラフ上に点で表しましょう。点を打つべき場所は、「63点」で横軸と交わる垂線と、「80点」で縦軸と交わる垂線との交点です（図4.2 (b)）。

同じように各データを点で表すと、図4.2 (c) のように10個の点が打たれたグラフが作成されます。例題4.1の解答はこのグラフです。

2次元データについて、2つの変数をそれぞれ縦軸と横軸にとり、各データを点で表したグラフを**散布図**と呼びます。平面上の点で表された2次元データが、霧吹きなどで水を散布した状態に見えることから、このように呼ばれています。1次元データのヒストグラムと同様、散布図を描くことで、2次元データがどの範囲にどのくらい存在しているかを概観することができます。また、変数間の関係もおおまかに見て取ることができます。この例題で作成した散布図（図4.2 (c)）からは、世界史の得点が高い人は、英語の得点も高い傾向があると言えそうです。

練習問題 4.1

表4.2は、10の都道府県について人口10万人あたりのラーメン店およびうどん店の数を調べた結果です。このデータをもとに、散布図を描いてください。

| 表4.2 | 10都道府県の人口10万人あたりのラーメン店とうどん店の数 |

人口10万人あたりのラーメン店の数 (軒)	人口10万人あたりのうどん店の数 (軒)
27	40
34	33
43	12
39	11
32	37
18	64
34	43
66	27
38	14
46	34

4.3 ◆ 相関係数

例題 4.2

表4.3は、10人の男性の年齢と最高血圧のデータです。散布図を描き、例題4.1の散布図（図4.2 (c)）と比べてみてください。世界史と英語の点数の間の関連性と、年齢と最高血圧の間の関連性では、どちらが強いでしょうか？

表4.3	男性10人の年齢と最高血圧
年齢（歳）	**最高血圧**（mmHg）
45	137
52	134
48	145
66	194
53	154
56	164
49	132
45	112
62	128
64	150

　年齢を横軸（範囲は40〜70歳）、最高血圧を縦軸（範囲は100〜220 mmHg）にとり、表4.3のデータで散布図を描くと図4.3のようになります。

　次に、この散布図を例題4.1の散布図（図4.2 (c)）と比較してみます。それぞれの散布図でデータ全体を楕円で囲むと、図4.4のようになります。

　どちらの散布図からも、一方の値が大きいほどもう一方の値も大きい、という傾向が見て取れます。こうした傾向が強いほど、2つのデータ（世界史の得点と英語の得点、年齢と最高血圧）の間には強い関連性があると言えます。データが縦軸あるいは横軸に平行でないなんらかの直線に沿って散らばっているほど、関連性が強いと考えられます。では、上記の散布図を比較し、「年齢と最高血圧の間のほうが、関連性が強い（かも？）」と言うことは妥当でしょうか？

　ここで「かも？」と書いたとおり、「世界史の得点と英語の得点の間のほうが、関連性が強い」と言うことも可能かもしれません。これら2つの散布図は、縦軸・横軸の値の範囲も異なりますし、目盛り幅も異なります。このような図の見た目だけから関連性の強さを判断することは、客観性の乏しい

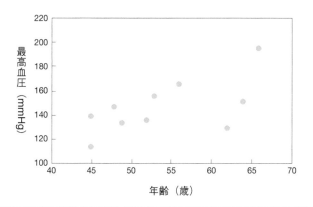

| 図4.3 | 男性10人の年齢と最高血圧の散布図

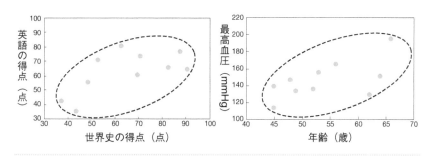

| 図4.4 | 10個のデータからなる散布図

左は図4.2（c）、右は図4.3の再掲。各散布図について、すべてのプロット（データ）が内側に入るように楕円を加えた

方法と言わざるをえません。

2つの変数の関連性を定量化する

　2つの変数の関連性の強さを客観的に評価するためには、散布図を描くだけでは不十分で、なんらかの定量的な指標が必要となります。2つの変数の間の関連性として**相関**と呼ばれるものがあります。この相関を定量化する、**相関係数**と呼ばれる指標を紹介しましょう。

　2つの変数x, yからなるn個の2次元データ(x_1, y_1), (x_2, y_2), $\cdots$, (x_n, y_n)があるとき、xとyの間の相関係数r_{xy}は次式で定義されます。

相関係数の定義式：

$$r_{xy} = \frac{\sum_{i=1}^{n}(x_i - \overline{x})(y_i - \overline{y})}{\sqrt{\sum_{i=1}^{n}(x_i - \overline{x})^2}\sqrt{\sum_{i=1}^{n}(y_i - \overline{y})^2}} \qquad [4.1]$$

ここで、$\overline{x}$ と $\overline{y}$ はそれぞれ x_i と y_i の平均です（$\overline{x} = \dfrac{\sum_{i=1}^{n}x_i}{n}$, $\overline{y} = \dfrac{\sum_{i=1}^{n}y_i}{n}$）。式［4.1］に従って、例題4.1のデータ（表4.1）から相関係数を計算してみましょう。世界史の得点と英語の得点の間の相関係数は $r_{xy} = 0.64073\cdots = 0.641$ となります。また、例題4.2のデータ（表4.3）から、年齢と最高血圧の間の相関係数は $r_{xy} = 0.62624\cdots = 0.626$ となります。

相関係数の値の解釈は後でくわしく説明しますが、値の絶対値が大きいほど2変数の間の関連性が強いことを意味します。いま求めた2つの相関係数を比べると、世界史の得点と英語の得点の間の相関係数のほうが若干大きいことがわかりました。散布図の見た目からは判断がむずかしいですが、相関係数を用いると「年齢と最高血圧の間よりも世界史の得点と英語の得点の間のほうが、相関が強い」と言えます。

相関係数の定義式の変形——共分散と標準偏差で表す

ここで、相関係数の定義式［4.1］の変形を考えてみましょう。分子と分母を0でない同じ数で割っても、その分数の値は変わらないので、分子と分母をデータの数 n（$n \neq 0$）で割ります。また、$n = \sqrt{n} \times \sqrt{n}$ なので、式［4.1］を次のように変形することができます。

$$\begin{aligned}
r_{xy} &= \frac{\sum_{i=1}^{n}(x_i - \overline{x})(y_i - \overline{y})}{\sqrt{\sum_{i=1}^{n}(x_i - \overline{x})^2}\sqrt{\sum_{i=1}^{n}(y_i - \overline{y})^2}} \\
&= \frac{\sum_{i=1}^{n}(x_i - \overline{x})(y_i - \overline{y})/n}{\sqrt{\sum_{i=1}^{n}(x_i - \overline{x})^2/n}\sqrt{\sum_{i=1}^{n}(y_i - \overline{y})^2/n}}
\end{aligned}$$

分母を見ると、x と y それぞれの標準偏差 $\sigma_x\left(= \sqrt{\dfrac{1}{n}\sum_{i=1}^{n}(x_i - \overline{x})^2}\right)$ と

$\sigma_y \left(= \sqrt{\dfrac{1}{n}\sum_{i=1}^{n}(y_i - \overline{y})^2} \right)$ の積になっています。一方、分子は、各データの x の偏差と y の偏差との積 $\left(= (x_i - \overline{x})(y_i - \overline{y}) \right)$ を平均したものになっています。各変数の偏差どうしの積の平均を**共分散**と呼びます。n 個の2次元データ $(x_1, y_1), (x_2, y_2), \cdots, (x_n, y_n)$ について、x と y の間の共分散 C_{xy} は次式で定義されます。

共分散の定義式：

$$C_{xy} = \frac{\sum_{i=1}^{n}(x_i - \overline{x})(y_i - \overline{y})}{n} \qquad [4.2]$$

この共分散 C_{xy} と各変数の標準偏差 σ_x と σ_y を用いると、2変数 x と y の間の相関係数 r_{xy} は、以下のように表されます。

相関係数の定義式（共分散と標準偏差を用いた表し方）：

$$r_{xy} = \frac{C_{xy}}{\sigma_x \sigma_y} \qquad [4.3]$$

この相関係数の定義式 [4.3] を使って、練習問題4.2を解いてみましょう。

練習問題 4.2

表4.4 は、10人の男性の身長と体重についてのデータです。標準偏差、共分散を計算し、相関係数を求めてください。

表4.4 | **男性10人の身長と体重**

身長 (cm)	体重 (kg)
152	56
173	77
172	81
178	58
175	66
165	68
176	65
165	60
153	63
181	66

4.4 ◆ 相関係数の解釈

例題 4.3

　例題4.1、練習問題4.1そして練習問題4.2で求められた相関係数は
それぞれ下の①〜③のとおりです。変数間の関連性がもっとも強いも
のはどれでしょうか？

　また、①③と②では相関係数の符号が違います。相関係数の符号の
違いは、変数間の関連のどのような違いを表しているでしょうか？

① 世界史の得点と英語の得点の間の相関係数は0.641です。

② 人口10万人あたりのラーメン店の数とうどん店の数の間の相
　関係数は−0.559です。

③ 身長と体重の間の相関係数は0.341です。

　前節では、相関係数の絶対値を比較することで、相関の強さを評価できる
ことを説明しました。例題4.3の①〜③に示された相関係数を比べると、①、
②、③の順に相関が強いことがわかります。変数間の関連性がもっとも強い
のは①です。じつは、相関係数の値からはもっと多くの情報が得られます。
本節では相関係数の解釈についてくわしく見ていきますが、その前に相関係
数のとりうる値の範囲について確認しておきましょう。

　2変数 x と y からなるデータについて、x と y の間の相関係数 r_{xy} がとりうる範
囲は、

相関係数の範囲：
$$-1 \leq r_{xy} \leq 1 \qquad\qquad\qquad [4.4]$$

となります。どのようなデータであっても、相関係数の値は必ず−1から1
の間に収まるのです。式［4.4］の証明は本章の最後に参考として示すので、
興味のある人は参照してください。

相関の「強さ」

　相関係数は正の値も負の値もとりますが、その符号は相関の「強さ」とは無関係です。つまり、相関係数の絶対値（符号を無視した値）によって相関の「強さ」が決まり、以下のように解釈されます。

　相関係数の絶対値の解釈：

　・0.7〜1.0 ➡ 2変数の間に強い相関がある

　・0.4〜0.7 ➡ 2変数の間に相関がある

　・0.2〜0.4 ➡ 2変数の間に弱い相関がある

　・0.0〜0.2 ➡ 2変数の間に相関はない

　ただし、相関係数の絶対値の大きさと相関の強さとの関係はあくまで目安です。たとえば、相関係数の絶対値が0.25のとき、「2変数の間に相関はない」と分析者が判断することもありえます。相関係数は、柔軟な解釈が求められる指標と言えます。

相関の「正負」

　次に、例題4.1と練習問題4.1の散布図と相関係数の符号の関係を見比べてみましょう。相関係数が0.641である例題4.1の散布図（図4.2 (c)）からは、「一方が増加（減少）すると他方も増加（減少）する」という傾向が読み取れます（すべてのデータにあてはまるわけではありませんが、全体的に見ればだいたい正しいです）。このような傾向を「正の相関」と言います。一方、相関係数が−0.559である練習問題4.1の散布図（「練習問題の解説・解答」の図A.4参照）からは、「一方が増加（減少）すると、他方は減少（増加）する」という傾向が読み取れます。このような傾向を「負の相関」と言います。

　以上から、例題4.3の①〜③は次のように解釈されます。

　①世界史の得点と英語の得点の間には正の相関がある。

　②人口10万人あたりのラーメン店の数とうどん店の数の間には負の相関がある。

相関係数がとりうる範囲

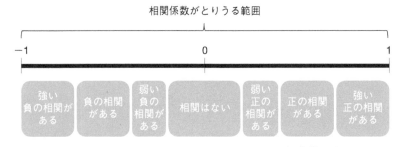

図4.5 | 相関係数の値の範囲と解釈

相関係数の解釈に絶対的な基準はない。ここに示した7つの解釈の間に、明確な境界線を引くのはむずかしい

③身長と体重の間には弱い正の相関がある。

そして、もっとも変数間の関連性が強いのは、相関係数の絶対値がもっとも大きい①になります。また、①③が変数の増減の向きが同じであるのに対して、②は変数の増減の向きが逆向きとなります。

相関係数の値についてまとめると、図4.5のように表されます。

相関と因果関係

相関（相関関係）とは、2つの変数(x, y)について、一方の値の増減に伴い他方も変化する関係のことを言いますが、似た概念に**因果関係**というものがあります。因果関係とは、2つの変数(x, y)について、一方の変数の値がもう一方の変数の値によって決定される関係を言います。この2つの概念の関係は図4.6のように示すことができます。

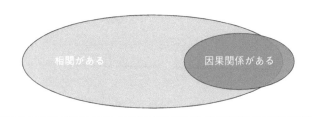

図4.6 | 相関と因果関係の関係

因果関係の大部分は相関の一部である。因果関係はなくとも相関を示すことがあるので、注意したい

この図からわかるように、「相関がある、したがって因果関係がある」は必ずしも成り立ちません。相関係数の値から、2つの変数の間に強い相関があるとわかった際、それらの間に因果関係があるかどうかは慎重に検討する必要があります[1]。

練習問題 4.3

次の①〜③の文章が適切であれば○、適切でなければ×をつけてください。

① 相関係数を計算したら、2.34となった。

② 相関係数が−0.6なので、散布図上では左上から右下にかけてデータが点在している。

③ 相関係数が0.1なので、2変数の間に関連性があるとは言えない。

COLUMN 5

熱血スポーツキャスターは太陽神か？

相関があるからといって因果関係があるわけではないと述べましたが、これらは案外混同されやすいものです。じっさい世の中には、観測された2つの変数の間に相関があると認められただけで、それらの間に因果関係があるとみなされ、都市伝説化しているものがあります。

たとえば、熱血漢で元テニス選手のスポーツキャスター（Xさんとしましょう）がいます。Xさんが冬におこなわれるスポーツ大会（スケートなど）の取材で海外に滞在中、日本では寒さが厳しくなり、Xさんが帰国すると寒さが和らぐということが、これまで何度かありました。そのような出来事が続いたため、「急に寒くなったと思ったら、Xさんがカナダに取材に行ってしまったからか」「あ、Xさん、日本にいないのか。だから雪が降ったんだな」といった投稿がSNSにあふ

---

1) 図4.6からわかるように、「因果関係がある→相関がある」も必ず成立するわけではなく、因果関係があるにもかかわらず相関が見られない事例が存在します。やや高度な内容になりますので、ここでは詳細には触れません。

れ、「Xさんは太陽神である」のような都市伝説が生まれています。

　Xさんの取材スケジュール（日本にいる・いない）と東京の気温の データを分析すると、相関があるという結果が出るかもしれません。 しかしながら、どんなにアツいハートの持ち主も、気温を上げること などできるはずがありません。相関があったとしても、Xさんと気温 の間に因果関係があると考えるのは無理がありますね。

　熱血スポーツキャスターと天気の関係をめぐる言説は冗談としても、 相関と因果関係を取り違えている例はさほど珍しいものではありませ ん。とくに因果関係を主張する文章には要注意です。データにもとづ く一見もっともらしい説明も、相関を因果関係と主張していたら「眉 唾もの」です。

参考 **相関係数のとりうる範囲の導出**

式 [4.3] は、

$$r_{xy} = \frac{1}{n}\sum_{i=1}^{n} \frac{(x_i - \overline{x})(y_i - \overline{y})}{\sigma_x \sigma_y}$$

となる。いま、$\dfrac{x_i - \overline{x}}{\sigma_x} = z_i$、$\dfrac{y_i - \overline{y}}{\sigma_y} = w_i$ とすると、上の式は

$$r_{xy} = \frac{1}{n}\sum_{i=1}^{n} z_i \cdot w_i$$

と変形できる。

ここで、$T_1 = \dfrac{1}{n}\sum_{i=1}^{n}(z_i + w_i)^2$、$T_2 = \dfrac{1}{n}\sum_{i=1}^{n}(z_i - w_i)^2$ とすると、$(z_i + w_i)^2$ と $(z_i - w_i)^2$ はつねにゼロ以上であるから、それらの平均である T_1 と T_2 についても $T_1 \geq 0$ と $T_2 \geq 0$ が成り立つ。

T_1 を展開すると

$$T_1 = \frac{1}{n}\sum_{i=1}^{n}(z_i^2 + 2z_i w_i + w_i^2) = \frac{1}{n}\sum_{i=1}^{n}z_i^2 + \frac{2}{n}\sum_{i=1}^{n}z_i w_i + \frac{1}{n}\sum_{i=1}^{n}w_i^2$$

$$= \frac{1}{n}\sum_{i=1}^{n}\frac{(x_i - \overline{x})^2}{\sigma_x^2} + 2 \times \frac{1}{n}\sum_{i=1}^{n}z_i w_i + \frac{1}{n}\sum_{i=1}^{n}\frac{(y_i - \overline{y})^2}{\sigma_y^2}$$

$$= \frac{1}{\sigma_x^2} \times \frac{1}{n}\sum_{i=1}^{n}(x_i - \overline{x})^2 + 2 \times \frac{1}{n}\sum_{i=1}^{n}z_i w_i + \frac{1}{\sigma_y^2} \times \frac{1}{n}\sum_{i=1}^{n}(y_i - \overline{y})^2$$

となる。ここで、$\dfrac{1}{n}\sum_{i=1}^{n}(x_i - \overline{x})^2$ と $\dfrac{1}{n}\sum_{i=1}^{n}(y_i - \overline{y})^2$ はそれぞれ x と y の分散（つまり標準偏差の2乗）を表すので、σ_x^2 と σ_y^2 である。よって、

$$T_1 = \frac{1}{\sigma_x^2} \times \sigma_x^2 + 2r_{xy} + \frac{1}{\sigma_y^2} \times \sigma_y^2 = 2 + 2r_{xy}$$

となる。同様に T_2 は次式で表される。

$$T_2 = 2 - 2r_{xy}$$

上述のとおり、$T_1 \geq 0$ と $T_2 \geq 0$ が成り立つので、

$$\begin{cases} 2 + 2r_{xy} \geq 0 \\ 2 - 2r_{xy} \geq 0 \end{cases}$$

である。この2式から、$-1 \leq r_{xy} \leq 1$（式 [4.4]）が導かれる。

Chapter 5

単回帰分析
―― 2変数の関係を定式化しよう

Chapter 4で、2変数の間の関係性を定量化する指標である相関係数を紹介しました。相関係数は−1から1の間の値をとり、その絶対値が1に近いほど、2変数の一方の増加・減少にあわせて他方が増加・減少する傾向が強いことを意味するのでした。相関係数が示す2変数の関係性の強さと傾向にとどまらず、2変数の関係を具体的に定式化することが有用な場面があります。データから変数間の関係を定式化する分析手法を回帰分析と呼びます。本章では、回帰分析の1つである単回帰分析を学びましょう。

5.1 ◆ 最小2乗法と単回帰分析

例題 5.1

表5.1は、男性10人分の年齢と最高血圧のデータです（例題4.2で扱ったもの）。年齢と最高血圧との間の関係はどのような式で表されるでしょうか？

表5.1 | **男性10人の年齢と最高血圧**

表4.3の再掲

年齢（歳）	最高血圧（mmHg）
45	137
52	134
48	145
66	194
53	154
56	164
49	132
45	112
62	128
64	150

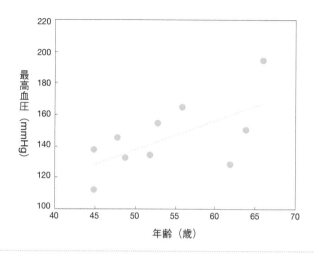

図5.1 | 男性10人の年齢と最高血圧の散布図

全体に右上がりの傾向が見て取れる。この傾向を表す直線を（点線のように）引けるだろうか

　例題4.2で、年齢と最高血圧の間に正の相関があることを確認しました（相関係数 ＝ 0.626）。人間の体では、歳を重ねるにつれて、血管が硬くなるなどの変化が生じ、血圧が高くなる傾向があります（たんに相関があるというだけでなく、因果関係と言えるでしょう）。高血圧症と診断され、血圧を下げる薬を服用している高齢者が多くいるのは、このような理由からです。

　10人のデータの散布図（図5.1）からは、右上がりの傾向が見て取れます。そして、この散布図上に「右上がりの傾向」を表す直線を引けそうです。つまり、「年齢をx（歳）、最高血圧をy（mmHg）とすると、$y = ax + b$という形で最高血圧と年齢の関係式を表すことができる」と言えます。

回帰分析にかかわる用語

　一般に、ある1つの変数を別の変数（複数あってもよい）の式で表すことを**回帰**と呼びます。そして、回帰により得られる式を**回帰式**、回帰式を求めることを**回帰分析**と呼びます。例題5.1は、回帰分析をおこなう問題です。

　本例題では、年齢と最高血圧の2つの変数をもつデータの集合（2次元データ）が与えられています。どちらの変数で、もう一方の変数を表すべきで

しょうか。年齢は人が生まれてからの年数であり、血圧とは無関係に決まります。一方、前項で述べたとおり、血圧は少なからず年齢の影響を受けていそうです。そう考えると、最高血圧を年齢の式で説明するのが自然ですね。

回帰式で表される対象の変数（ふつうyで表す）を**目的変数**と呼び、式の中で用いられる変数（xで表す）を**説明変数**と呼びます。つまり、回帰分析とは「目的変数を説明変数で表現した回帰式を求めること」と言えます。回帰式の中の説明変数は2次以上（つまりx^2など）となることもありますが、本書では説明変数が1次であるもののみを扱います。

回帰分析のうち、本例題のように説明変数が1つであるものを**単回帰分析**と呼びます。単回帰分析では、$y = ax + b$の形で回帰式が求まります。この式は、傾きがa（xが1増えるとyはa増える）で切片がb（$x = 0$のとき$y = b$）の直線を表し、この直線を**回帰直線**と呼びます。

回帰直線の求め方——「適度な距離感」を保って

では、表5.1のデータについて単回帰分析をおこない、回帰直線を求めてみましょう。

ここで、中学・高校時代の数学を思い出してください。2つの点を通る直線の引き方を学んだはずです。しかし、散布図（図5.1）には10個もの点があります。もしその中から2つの点を選んで、それらを結ぶ直線を引いてしまうと、せっかく集めたデータの大半（残りの8個）を無視することになります。散布図上のすべてのデータ点が1本の直線に載る可能性は限りなくゼロに近いので、データ点どうしを結んで回帰直線とするのは不適切です。

単回帰分析では、すべてのデータ点を通らないが、どの点とも適度な距離感をもつ直線を求めます。この「適度な距離感」の決め方が重要ですが、それは**最小2乗法**と呼ばれる考え方にもとづきます。最小2乗法を文章で説明すると、「各データ点について、回帰直線からのy軸方向のずれを求め、その2乗値を求める。そしてすべてのデータについて、この2乗値を足し合わせた値が最小となるよう調整した直線を回帰直線とする」というものです。

最小2乗法について図5.2を使って説明します。図5.2 (a) の散布図には、5つのデータ点とその回帰直線を描きました。最小2乗法の考え方では、点と回帰直線の距離をy軸方向に定義します（$e_1 \sim e_5$）。このy軸方向の距離を**残**

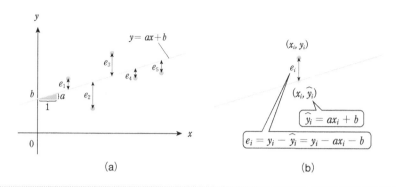

図5.2 | 最小2乗法

（a）すべてのデータ点と適度な距離感をもつ直線 $y=ax+b$ を引きたい（定数 a と b を決めたい）。データ点と直線の距離（残差）は、$e_1 \sim e_5$ のように y 軸方向に定義する

（b）i 番目のデータの残差 e_i

差と呼びます。図のとおり、回帰直線より上側に位置するデータ点も下側に位置するデータ点も存在します。

いま、データが全部で n 個あるとしましょう。そして、それらの回帰直線が $y=ax+b$ という式で表されるとします。このとき、i 番目のデータ $(x_i,$ $y_i)$ の残差 e_i はどのように表されるでしょうか。注目するデータの x 座標（$=x_i$）における回帰直線上の点の座標を仮に $(x_i, \widehat{y_i})$ とすると、

$$\widehat{y_i} = ax_i + b$$

です。したがって、残差 e_i は

$$e_i = y_i - \widehat{y_i} = y_i - ax_i - b$$

と表されます。e_i は、データ点が直線の上側にあれば（$y_i > \widehat{y_i}$ ならば）正の値、下側にあれば（$y_i < \widehat{y_i}$ ならば）負の値となります。

こうして、i 番目のデータの残差 e_i を式で表すことができました。したがって、すべてのデータの残差を表せたことになります（$e_1 \sim e_n$ のすべてを式で書けます）。続いて、回帰直線がデータ全体からどの程度離れているかを表してみましょう。最小2乗法の考え方では、各データの残差の2乗値をすべてのデータについて足し合わせたものを指標にするのでした。すなわち、

$$L = \sum_{i=1}^{n} e_i^2 = \sum_{i=1}^{n} (y_i - ax_i - b)^2 \qquad [5.1]$$

という指標を用います。このLが最小となるようなaとbの組み合わせを求めれば、回帰直線を得られるというわけです。そのようなaとbはそれぞれ

$$a = \frac{\sum_{i=1}^{n}(x_i - \overline{x})(y_i - \overline{y})}{\sum_{i=1}^{n}(x_i - \overline{x})^2}, \qquad [5.2a]$$

$$b = \overline{y} - a\overline{x} \qquad [5.2b]$$

と表されることがわかっています。ここで、$\overline{x}$と$\overline{y}$はこれまでと同様、n個のデータにおけるxとyの平均を表します。式［5.2］の導出は章末に示すので、興味のある方はご参照ください。

例題5.1のデータについて式［5.2］を用いると、$a = 1.8277\cdots = 1.83$、$b = 46.3$となり、回帰直線は$y = 1.83x + 46.3$となります。

回帰直線のもうひとつの表し方

式［5.2a］は少々複雑ですね。じつはこの式は、各変数の標準偏差と2変数の相関係数を使って、もっと簡単に表すことができます。

データ数nはゼロより大きいので、式［5.2a］の分子・分母にnをかけると

$$
\begin{aligned}
a &= \frac{n\sum_{i=1}^{n}(x_i - \overline{x})(y_i - \overline{y})}{n\sum_{i=1}^{n}(x_i - \overline{x})^2} \\
&= \frac{\sum_{i=1}^{n}(x_i - \overline{x})(y_i - \overline{y})}{n} \times \frac{n}{\sum_{i=1}^{n}(x_i - \overline{x})^2} \\
&= \frac{\sum_{i=1}^{n}(x_i - \overline{x})(y_i - \overline{y})}{n} \times \sqrt{\frac{n}{\sum_{i=1}^{n}(x_i - \overline{x})^2}}\sqrt{\frac{n}{\sum_{i=1}^{n}(x_i - \overline{x})^2}}
\end{aligned}
$$

と変形できます。ここで、共分散の定義式（式［4.2］）と標準偏差の定義式（式［3.3］）から、aはxとyの共分散C_{xy}およびxの標準偏差σ_xを用いて

$$a = C_{xy} \times \frac{1}{\sigma_x \sigma_x} \qquad [5.3]$$

と表せます。

いま、すべてのy_iが等しい、つまり$y_1 = y_2 = \cdots = y_n = \overline{y}$という特殊な場合は除外して考えます。すると、$y$についての偏差$(y_i - \overline{y})$の2乗和がゼロ

より大きくなり、標準偏差も $\sigma_y\left(=\sqrt{\sum_{i=1}^{n}(y_i-\overline{y})^2/n}\right)>0$ です。よって、式［5.3］の右辺の分母・分子に σ_y をかけることで

$$a = C_{xy} \times \frac{1}{\sigma_x\,\sigma_x} \times \frac{\sigma_y}{\sigma_y} = \frac{C_{xy}}{\sigma_x\,\sigma_y} \times \frac{\sigma_y}{\sigma_x}$$

と表せます。

さらに、相関係数の定義式（式［4.3］）から、x と y の相関係数 r_{xy} を使って

$$a = \frac{C_{xy}}{\sigma_x\,\sigma_y} \times \frac{\sigma_y}{\sigma_x} = r_{xy} \times \frac{\sigma_y}{\sigma_x}$$

と表すことができます。

結局、回帰直線の傾き a と切片 b は次式で表せます。

$$a = r_{xy} \times \frac{\sigma_y}{\sigma_x} \tag{5.4a}$$

$$b = \overline{y} - a\overline{x} \tag{5.4b}$$

つまり、回帰直線の傾き a は x と y の間の相関係数 r_{xy}、および x と y それぞれの標準偏差 σ_x と σ_y を用いて表すことができるのです。したがって、Chapter 4 の相関係数の計算で用いた表を回帰直線の導出にも用いることができます。次の練習問題5.1では、表を用いて回帰直線を導出してみましょう。

練習問題 5.1

表5.2は、5人の学生にある日、前日に家でゲームをプレイした時間と睡眠時間を聞いた結果です。ゲームのプレイ時間が長くなるほど、睡眠時間が削られる（短くなる）と考えられます。そこで、ゲームのプレイ時間を説明変数（x）、睡眠時間を目的変数（y）として回帰直線を求めてください。

表5.2 | 学生5人のある日のゲームをプレイした時間と睡眠時間

ゲームをプレイ した時間 (時間)	睡眠時間 (時間)
9	2
5	5
1	9
3	6
7	8

5.2 ◆ 回帰直線にもとづく予測

例題 5.2

会社の経営者になったつもりで考えてください。

あなたの会社にはA〜Jの10個の事業部があります。表5.3は、各事業部が前年度に使った広告費と、前年度の売上高のデータです。（ほかの要因を無視すれば）広告にお金をかけるほど製品・サービスの認知度が高まり、売上が増えると予想されます。その予想が妥当

| 表5.3 | 事業部A〜Jの広告費と売上高 |

事業部	広告費 （万円）	売上高 （億円）
A	1320	13
B	1830	19
C	1520	18
D	1180	12
E	1230	15
F	1050	11
G	890	11
H	1230	15
I	1370	15
J	1620	17

かどうか、表5.3をもとに散布図をつくって確かめてみましょう。

いま、ある事業部が新年度の広告費として2000万円の予算を申請してきました。同時に、新年度の売上高の目標値も提出させました。経営者としては、その目標値の妥当性を判断するために、広告費に2000万円を使った場合の売上高を過去のデータから予想する必要があります。表5.3のデータについて単回帰分析をおこない、広告費に2000万円かけたときの売上高を回帰式から予想してください。

問題文にあるとおり、ほかの要素を度外視すれば、広告をたくさん出すほど売上は上がると考えられます。また、広告費と売上高についての散布図は図5.3のようになり、点線のような回帰直線を引くことができそうです。

この回帰直線からは、広告費に2000万円をかけると、20億円強の売上が見込まれることがわかります。この例題で与えられたデータは10個の点としてしか表すことができませんが、回帰直線を引くことで、10個のデータとは

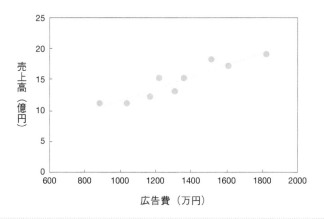

| 図5.3 | 広告費と売上高の散布図

表5.3のデータにもとづく。点線のような、右上がりの回帰直線を引くことができそう

異なる説明変数（*x*）の値（広告費）から、目的変数（*y*）の値（売上高）を予測することができるのです。回帰直線を求めることの目的のひとつに、この例題のように、観測していない説明関数の値について目的関数の値を予測することがあります。

　では、実際に回帰分析をおこなって、広告費に2000万円をかけた場合の売上高を予想してみましょう。計算のため、広告費を*x*（万円）、売上高を*y*（億円）として表5.4のような表をつくります。Chapter 4で見た順でこの表を

| 表5.4 | 各変数の標準偏差と2変数間の相関係数を計算するための表

*x*に表5.3の広告費、*y*に売上高のデータを記入してある

											平均	平方根
x	1320	1830	1520	1180	1230	1050	890	1230	1370	1620	1324	
y	13	19	18	12	15	11	11	15	15	17	14.6	
*x*の偏差												
*y*の偏差												
*x*の偏差の2乗												
*y*の偏差の2乗												
*x*の偏差×*y*の偏差												
相関係数												

| 表5.5 | 各変数の標準偏差と2変数間の相関係数を計算するための表 |

											平均	平方根
x	1320	1830	1520	1180	1230	1050	890	1230	1370	1620	1324	
y	13	19	18	12	15	11	11	15	15	17	14.6	
xの偏差	−4	506	196	−144	−94	−274	−434	−94	46	296		
yの偏差	−1.6	4.4	3.4	−2.6	0.4	−3.6	−3.6	0.4	0.4	2.4		
xの偏差の2乗	16	256036	38416	20736	8836	75076	188356	8836	2116	87616	68604	261.9237
yの偏差の2乗	2.56	19.36	11.56	6.76	0.16	12.96	12.96	0.16	0.16	5.76	7.24	2.6907
xの偏差×yの偏差	6.4	2226.4	666.4	374.4	−37.6	986.4	1562.4	−37.6	18.4	710.4	647.6	
相関係数	0.9189											

埋めていき、標準偏差、相関係数を求めると、表5.5のようになります。

この結果を式［5.4］に代入すると、$a = 0.009439\cdots = 0.00944$, $b = 2.101\cdots = 2.10$ を得るので、回帰直線は$y = 0.00944x + 2.10$です。広告に2000万円をかけた場合の売上高の予測値は、この回帰直線に$x = 2000$を代入し、

$y = 0.00944 \times 2000 + 2.10 = 20.98\,(億円)$

と求まります。約21億円の売上を期待することができそうです。

練習問題 5.2

表5.6は、10の県について人口とラーメン店の数を調べたデータです。人口が540万人の都道府県には、ラーメン店は何軒ぐらいあると予想されるでしょうか?

| 表5.6 | ある10県の人口とラーメン店の数 |

Webサイト「都道府県別統計とランキングで見る県民性」のデータにもとづく

人口 (千人)	ラーメン店の数 (軒)
1461	547
1338	495
1080	393
1128	405
2138	764
1810	645
1157	408
2008	690
770	263
850	280

参考 回帰直線の導出

最小2乗法による回帰直線の導出を示します。

まず、式 [5.2a] を展開します。

$$a = \frac{\sum_{i=1}^{n}(x_i y_i - x_i \overline{y} - \overline{x} y_i + \overline{x}\,\overline{y})}{\sum_{i=1}^{n}(x_i^2 - 2\overline{x}x_i + \bar{x}^2)}$$

$$= \frac{\sum_{i=1}^{n}x_i y_i - n\,\overline{x}\,\overline{y} - n\,\overline{x}\,\overline{y} + n\,\overline{x}\,\overline{y}}{\sum_{i=1}^{n}x_i^2 - 2n\overline{x}^2 + n\overline{x}^2} = \frac{\sum_{i=1}^{n}x_i y_i - n\,\overline{x}\,\overline{y}}{\sum_{i=1}^{n}x_i^2 - n\,\overline{x}^2} \quad \cdots\cdots①$$

この変形では、$\overline{x} = \dfrac{1}{n}\sum_{i=1}^{n}x_i$ および $\overline{y} = \dfrac{1}{n}\sum_{i=1}^{n}y_i$ の関係式を用いました。

次に、式 [5.1] を展開すると

$$L = \sum_{i=1}^{n}\left(y_i^2 + a^2 x_i^2 + b^2 - 2ax_i y_i + 2abx_i - 2by_i\right)$$

となります。x_i と y_i はデータの値（定数）ですから、L は a と b に関する式とみなせます。

L の最小値を求めるため、L の a, b それぞれについての偏微分に対して

$\dfrac{\partial L}{\partial a} = 0,\ \dfrac{\partial L}{\partial b} = 0$ という方程式を立てます。L を a, b で偏微分すると

$$\frac{\partial L}{\partial a} = 2a\sum_{i=1}^{n}x_i^2 - 2\sum_{i=1}^{n}x_i y_i + 2b\sum_{i=1}^{n}x_i$$

$$\frac{\partial L}{\partial b} = 2\sum_{i=1}^{n}b + 2a\sum_{i=1}^{n}x_i - 2\sum_{i=1}^{n}y_i$$

となるので、

$$\begin{cases} a\sum_{i=1}^{n}x_i^2 - \sum_{i=1}^{n}x_i y_i + b\sum_{i=1}^{n}x_i = 0 \\ nb + a\sum_{i=1}^{n}x_i - \sum_{i=1}^{n}y_i = 0 \end{cases}$$

という方程式を解きます。簡略化のため $\sum_{i=1}^{n}x_i^2 = A_1,\ \sum_{i=1}^{n}x_i y_i = A_2,$

$\displaystyle\sum_{i=1}^{n}x_i = A_3,\ \sum_{i=1}^{n}y_i = A_4$ とすると、

$$\begin{cases} A_1 a - A_2 + A_3 b = 0 & \cdots\cdots ② \\ nb + A_3 a - A_4 = 0 & \cdots\cdots ③ \end{cases}$$

となります。$n>0$なので、式③より

$$b = \frac{A_4 - A_3 a}{n}$$

です。これを式②に代入すると

$$A_1 a - A_2 + A_3 \frac{A_4 - A_3 a}{n} = 0$$
$$\frac{nA_1 a - nA_2 + A_3 A_4 - A_3{}^2 a}{n} = 0$$

となります。これをaについて解くと、

$$\left(nA_1 - A_3{}^2\right)a = nA_2 - A_3 A_4$$
$$a = \frac{nA_2 - A_3 A_4}{nA_1 - A_3{}^2}$$

を得ます。$A_1 \sim A_4$をxとyの式に戻すと

$$a = \frac{n\sum_{i=1}^{n}x_i y_i - \sum_{i=1}^{n}x_i \sum_{i=1}^{n}y_i}{n\sum_{i=1}^{n}x_i{}^2 - \left(\sum_{i=1}^{n}x_i\right)^2}$$

となり、さらに$\displaystyle\sum_{i=1}^{n}x_i = n\overline{x}$ と $\displaystyle\sum_{i=1}^{n}y_i = n\overline{y}$ を代入すれば

$$a = \frac{n\sum_{i=1}^{n}x_i y_i - n^2 \overline{x}\,\overline{y}}{n\sum_{i=1}^{n}x_i{}^2 - n^2 \overline{x}^2} = \frac{\sum_{i=1}^{n}x_i y_i - n\overline{x}\,\overline{y}}{\sum_{i=1}^{n}x_i{}^2 - n\overline{x}^2}$$

となります。この右辺は、式［5.2a］を展開した式①と同じです。

　よって、最小2乗法によって求められる回帰直線は式［5.2］のように表されます。

COLUMN 6

外れ値は予測できない?

　回帰直線を使った予測では、「説明変数xの値が○○のときは、目的変数yの値はだいたい△△になる」という直線に沿った予測しかできません。得られたデータの傾向から外れる出来事を予測することは困難です。たとえば、練習問題5.2の回帰直線を用いると、人口100万人ぐらいの都道府県にはラーメン店は400軒ほどあると予想でき、じっさいその予想に近いデータが表5.6の中に示されています。また、問題の表にふくまれない人口が100万人ほどの都道府県についても調べてみると、400軒前後であるところが多いです。しかし、人口がおよそ100万人であっても、山形県には700軒もラーメン店がある一方、奈良県には170軒しかないようです。

　このように、ほかの多数のデータの傾向から大きく離れたデータのことを**外れ値**と呼びます。データの中に外れ値がふくまれているかどうか判定し、また、その外れ値を特定する異常検出と呼ばれる手法が開発されており、大量の製品を量産する工場などで活用されています。

| Chapter 6 |

重回帰分析
―― 複数の説明変数で目的変数を表そう

Chapter 5で、目的変数を説明変数の式で表す、回帰分析について述べました。とくに、説明変数が1つの場合である単回帰分析を取り上げました。本章では、説明変数が2つ以上ある場合の回帰分析、すなわち重回帰分析を取り上げます。

6.1 ◆ 重回帰分析

例題 6.1

表6.1は、ある企業の営業部の6つのチームについて、売上高・広告費・営業担当者の数を示したものです。各チームは売上高を増やすために、どうしたらよいでしょうか？

| 表6.1 | ある企業の営業部のデータ

6つのチームの売上高・広告費・営業担当者数を示す

売上高 （億円）	広告費 （万円）	営業担当者数 （人）
16	1000	100
9	520	80
7	500	50
12	700	110
17	1200	130
11	800	100

　例題5.2で触れたように、広告費を多くかけるほど売上が増えると予想されます。また、営業担当者が多いほど売上が増えることも予想されます。この2通りの2変数の組み合わせ（売上高と広告費、売上高と営業担当者数）について相関係数を求めて、予想を検証しましょう。

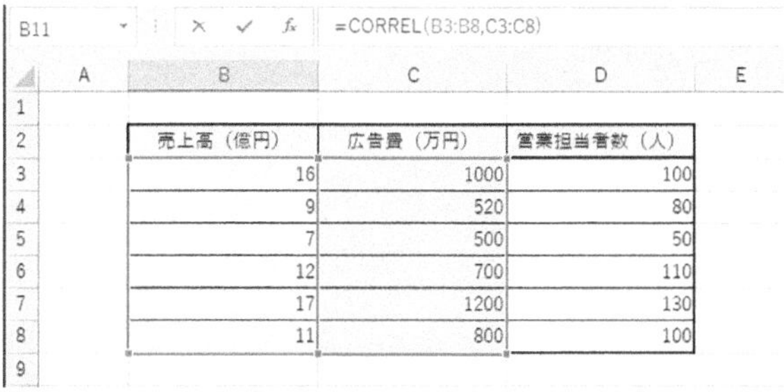

B11 =CORREL(B3:B8,C3:C8)

	A	B	C	D	E
1					
2		売上高（億円）	広告費（万円）	営業担当者数（人）	
3		16	1000	100	
4		9	520	80	
5		7	500	50	
6		12	700	110	
7		17	1200	130	
8		11	800	100	
9					

図6.1 | 売上高と広告費の相関係数を求める方法

Excelで「CORREL関数」を用いた

ここでは、表計算ソフト（Excel）を使って相関係数を求めてみます。Excelでは「CORREL(変数1, 変数2)」という関数を使うと、相関係数を求められます。「変数1」と「変数2」には、それぞれ得られたデータ（複数）を指定します。

CORREL関数を用いて、売上高と広告費の間の相関係数は図6.1のように求められます。その結果、

売上高と広告費の間の相関係数＝0.9598…＝0.960

を得ました。同様に、

売上高と営業担当者数の間の相関係数＝0.8616…＝0.862

となります。いずれの変数の組み合わせにも、強い相関があることがわかりました。よって、表6.1のデータからは、売上高を増やすためには広告費と営業担当者数を増やすべき、と言えるでしょう。

複数の説明変数をふくむ回帰式

売上高と広告費、営業担当者数との間に強い相関があることと、モノやサービスを売る仕組みを考えると、売上高は広告費と営業担当者数で説明できると言えそうです。つまり、売上高を目的変数y、広告費と営業担当者数をそれぞれ説明変数x_1とx_2とすると

$$y = a_1 x_1 + a_2 x_2 + b$$

という回帰式がつくれるはずです。

　このように説明変数が2つ以上ふくまれる回帰式を求めることを**重回帰分析**と呼びます。重回帰分析で求められる回帰式を構成する、各説明変数（x_i）の係数（a_i）を**偏回帰係数**と呼びます。偏回帰係数は、その対応する説明変数だけを1増加させたときに、目的変数（y）がどのくらい増加・減少するかを示します。また、bは前章で扱った単回帰分析と同様に定数項で、**切片**とも呼ばれます。

表計算ソフトを使って重回帰分析

　Chapter 5の単回帰分析と同じように、観測されたデータから重回帰分析の偏回帰係数および切片を求める式があります。ただ、この式は複雑なので、Excelを使って回帰式を求めることにします。

　Excelでは、図6.2のように「データ」のタブに「データ分析」という機能があります[2]。この機能をクリックすると、図6.3のような分析メニューの一覧が表示されます。「回帰分析」を選択し、「OK」ボタンをクリックします。

　すると図6.4のような、分析の設定をおこなうウィンドウが表示されます。以下の手順で設定をおこないましょう。

① 　目的変数（Excelでは「入力Y」）として売上高、説明変数（Excelで

| 図6.2 | **Excelの「データ分析」機能**

「データ」タブを選択すると表示される

---

2)　Excelのバージョンや導入先のコンピュータ環境によっては、「データ分析」をアドインとしてインストールする必要があります。

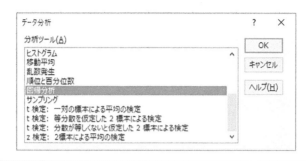

図6.3 | Excelの「データ分析」メニュー

は「入力X」）として広告費と営業担当者数のデータを選択します。

② 出力先を指定します（ここでは、同じシートのB11のセル以下に表示させることにしました）。

③ 「残差」をクリックして、チェックマークをつけます。

以上の設定後、「OK」ボタンをクリックすると、図6.5の結果が得られます。この結果の「係数」と書かれた部分（赤枠で囲んだ部分）が回帰式の構成要素（偏回帰係数と切片）を表しており、

図6.4 | Excelの回帰分析の設定ウィンドウ

①目的変数（Y）と説明変数（X）を選択、②出力先の指定、③「残差」にチェック。「OK」をクリックすると、分析結果（図6.5参照）が表示される

	概要								
	回帰統計								
	重相関 R	0.966975856							
	重決定 R2	0.935042306							
	補正 R2	0.891737177							
	標準誤差	1.282807433							
	観測数	6							
	分散分析表								
		自由度	変動	分散	観測された分散比	有意 F			
	回帰	2	71.06321527	35.53160763	21.59195279	0.016555637			
	残差	3	4.936784733	1.645594911					
	合計	5	76						
		係数	標準誤差	t	P-値	下限 95%	上限 95%	下限 95.0%	上限 95.0%
	切片	0.388290002	2.05787731	0.188684719	0.862382649	-6.18079404	6.937374045	-6.18079404	6.937374045
	X 値 1	0.011149100	0.00373837	2.982344933	0.099197241	-0.0007480053	0.023046268	-0.0007480053	0.023046268
	X 値 2	0.029906091	0.037499821	0.79749956	0.483448873	-0.089435075	0.149247256	-0.089435075	0.149247256
	残差出力								
	観測値	予測値 Y	残差						
	1	14.52800676	1.471993236						
	2	8.578313253	0.421686747						
	3	7.458148383	-0.458148383						
	4	11.48233536	0.517664644						
	5	17.65501102	-0.655011022						
	6	12.29818522	-1.298185222						

図6.5 | **Excel で重回帰分析をおこなった結果**

赤枠で囲んだ「係数」が回帰式における各説明変数の係数を表す

$$y = 0.0111x_1 + 0.0299x_2 + 0.388$$

という回帰式が得られました。

練習問題 6.1

表6.2は2019年度のプロ野球パ・リーグのチーム成績です。

① 勝利数を目的変数、得点と失点をそれぞれ説明変数とした回帰式を求めてください。

② 勝利数を増やすためには、得点を増やすことと失点を減らすことのどちらが有効でしょうか？

表6.2 | **2019年度のパ・リーグのチーム成績**

日本野球機構 Web サイトをもとに作成

順位	勝利数	得点	失点
1	80	756	564
2	76	642	578
3	71	614	586
4	69	582	611
5	65	560	637
6	61	544	695

6.2 ◆ 重相関係数と決定係数

例題 6.2

例題6.1の重回帰分析で得られた回帰式を用いて、売上高の予測値と実際の値との関係を調べましょう。以下の①②に答えてください。
① 横軸に売上高の予測値、縦軸に実際の売上高をとり、散布図を作成してください。
② 予測値と実際の売上高の間の相関係数を求めてください。

①で求められている散布図をつくるためには、売上高の予測値と実際の値との組み合わせが必要となります。実際の売上高はすでに表6.1与えられているので、それらに対応する予測値を求めなくてはなりません。

そこで、例題6.1で求めた回帰式

図 6.6 | Excel で重回帰分析をおこなった結果

図6.5の再掲。「残差出力」に注目

| 表6.3 | 売上高の予測値と実際の値および残差

予測値（億円）	実際の売上高（億円）	残差（億円）
14.528007	16	1.471993
8.578313	9	0.421687
7.458148	7	−0.458148
11.482335	12	0.517665
17.655011	17	−0.655011
12.298185	11	−1.298185

$$y = 0.0111x_1 + 0.0299x_2 + 0.388$$

のx_1とx_2のそれぞれに、表6.1の6個のデータを代入します。すると、売上高の予測値を6個求められます。

　じつは、Excelで重回帰分析をおこなった際の結果には、「予測値」と実際のデータと予測値との差（残差）が示されていました（図6.6の赤枠）。図6.6の「予測値」と「残差」と表6.1の「（実際の）売上高」をひとつの表に整理すると、表6.3が得られます。この表を使って、①②の問いに答えていきましょう。

回帰式にもとづく予測と実際のデータの比較

　① 予測値を横軸、実際の売上高を縦軸とした散布図を描くと図6.7のようになります。これが①の解答です。

　図6.7からは、右上がりの傾向が見て取れます。もし回帰式による予測が完璧に実際のデータを再現しているとしたら、この散布図上の点はすべて$y = x$の直線（図6.7の点線）上に載ります。図6.7の散布図の点は$y = x$の直線の近くにあるように見えますが、直線上に載っているわけではありません。これは、データにふくまれる誤差によるものです。また、回帰式のできの悪さによっても、直線$y = x$に載らない可能性もあります

　それでは、わたしたちが例題6.1で得た回帰式にもとづく予測は、どのくらい完璧に近いでしょうか？　次項で検討します。

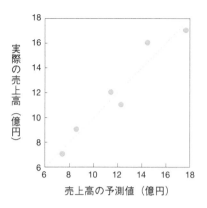

｜図6.7｜ 売上高の予測値と実際の値の散布図

表6.3にもとづく。破線は直線 $y = x$

回帰式の善し悪しを評価する指標

② 予測値と実際の売上高の間の相関係数を求めましょう。表6.3と Excel の CORREL 関数を用いれば、簡単です。相関係数 $= 0.9669\cdots = \underline{0.967}$ となります。

いま求めた、目的変数の予測値と実際の値の間の相関係数を**重相関係数**と呼びます。この重相関係数は、回帰式の善し悪しを評価したいときに使える指標です。その使い方は少々複雑なので、順を追って説明していきます。

回帰式の善し悪しを評価するには、データ全体がどれだけ回帰式の近くに分布しているかを調べればよいでしょう。いま、i 番目のデータについて実際に得られた値（観測値）を (x_i, y_i) とし、すべてのデータの平均値を $(\overline{x}, \overline{y})$ とします。また、観測値の x 座標（x_i）における回帰式上の点の y 座標を $\widehat{y_i}$ とし、この点の座標 $(x_i, \widehat{y_i})$ を「予測値」と呼びましょう。観測値・平均値・予測値および回帰式は図6.8 のような関係です。図をわかりやすくするために、説明変数は1つだけにしているので、回帰式は直線となっています。

観測値と予測値の y 座標の差（$= y_i - \widehat{y_i}$）を残差と呼ぶことは、5.1節で説明したとおりです。さらに、予測値と平均値の y 座標の差（$= \widehat{y_i} - \overline{y}$）を**回帰変動**、そして観測値と平均値の y 座標の差（$= y_i - \overline{y}$）を**全変動**と呼びます。

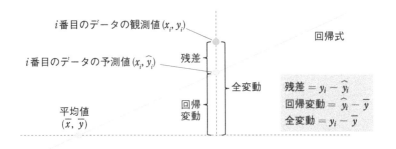

図6.8 | 残差、回帰変動、全変動

1つのデータの観測値、予測値、そして全データの平均値の関係を表す指標となる

　図からわかるように、回帰式がよい場合、すなわち予測値が観測値と近い（残差が小さい）場合、回帰変動と全変動が近づくことになります。そこで、「データ全体にわたって回帰変動の値と全変動の値が近いこと」を回帰式のよさの指標とみなすことができそうです。具体的には、次式で計算される指標が回帰式の善し悪しの評価に用いられます。

$$\frac{回帰変動の2乗和}{全変動の2乗和} = \frac{\sum_{i=1}^{n} (\widehat{y_i} - \overline{y})^2}{\sum_{i=1}^{n} (y_i - \overline{y})^2}$$

　この指標を**決定係数**と呼びます。決定係数が1に近ければ近いほど、目的変数が回帰式で十分に説明できていると言えます。

　例題6.1のデータについて、決定係数を求めてみましょう。目的変数（売上高）の平均は12（億円）なので、表6.3を使って全変動と回帰変動を求めると、表6.4のようになります。これらについて2乗和を計算し、決定係数を求めると、

| 表6.4 | **全変動と回帰変動** |
全変動	回帰変動
4	2.528007
−3	−3.421687
−5	−4.541852
0	−0.517665
5	5.655011
−1	0.298185

$$決定係数 = \frac{71.063215}{76} = 0.9350\cdots = 0.935$$

となります。

	A	B	C	D	E	F	G	H	I	J
11		概要								
13			回帰統計							
14		重相関 R		0.966975856						
15		重決定 R2		0.935042306						
16		補正 R2		0.891737177						
17		標準誤差		1.282807433						
18		観測数		6						
20		分散分析表								
21			自由度	変動	分散	観測された分散比	有意 F			
22		回帰	2	71.06321527	35.53160763	21.59195279	0.016055637			
23		残差	3	4.936784733	1.645594911					
24		合計	5	76						
26			係数	標準誤差	t	P-値	下限 95%	上限 95%	下限 95.0%	上限 95.0%
27		切片	0.388290002	2.05787731	0.186684719	0.862382649	-6.16079404	6.937374045	-6.16079404	6.937374045
28		X 値 1	0.011114910B	0.00373837	2.982344933	0.058487241	-0.000748053	0.023046268	-0.000748053	0.023046266
29		X 値 2	0.029906091	0.037499821	0.79749956	0.483448873	-0.089435075	0.149247256	-0.089435075	0.149247256
33		残差出力								
35		観測値	予測値: Y	残差						
36		1	14.52800676	1.471993236						
37		2	8.578313253	0.421686747						
38		3	7.458148383	-0.458148383						
39		4	11.48233536	0.517664644						
40		5	17.65501102	-0.655011022						
41		6	12.29818522	-1.298185222						

図 6.9 **Excelで重回帰分析をおこなった結果**

赤枠で囲んだ部分に重相関係数（重相関R）と決定係数（重決定R2）が表示される

じつは、決定係数と重相関係数の間には、次式の関係が成り立ちます（証明は省略）。

決定係数 ＝ 重相関係数²

この式が正しいことも、確認しておきましょう。重相関係数は0.967でした。この値を2乗すると、$0.967^2 = 0.935089 = 0.935$ となり、決定係数と一致しました。

なお、Excelで重回帰分析をおこなうと、重相関係数や決定係数は図6.9のように表示されます。

練習問題6.2

練習問題6.1のデータと重回帰分析で得られた回帰式を用いて、予測値、観測値、残差、回帰変動、全変動を表で示してください。また、重相関係数と決定係数を求めてください。

6.3 ◆ 多重共線性

例題 6.3

　表6.5はある市町村における戸建て不動産に関するデータです。以下の①〜④に答えてください。

① 価格を目的変数y、築年数・土地面積・最寄り駅からの距離・最寄り駅からの時間を説明変数（x_1, x_2, x_3, x_4）とした回帰式を求めてください。

② x_1, x_2, x_3, x_4それぞれが増加したとき、yは増加するのか減少するのか、①の結果から述べてください。

③ 5つの変数間のすべてについて相関係数を求めてください。

④ x_3とyの間の相関係数、x_4とyの間の相関係数、②の結果からわかることを述べてください。

表6.5｜戸建て不動産に関するデータ

価格（万円）	築年数（年）	土地面積(m²)	最寄り駅からの距離(m)	最寄り駅からの時間(分)
4730	10	221.87	630	8
4050	10	172.21	880	12
3850	5	105.30	410	5
3610	10	130.27	160	3
4600	1	174.21	110	2
3670	21	199.21	660	8
4740	18	205.01	255	3
3950	10	171.95	780	10
4180	1	94.90	260	3
4350	23	208.43	80	1

① 例題6.1、6.2と同じようにExcelの「データ分析」機能を使うと、図6.10の結果が得られます。この結果から回帰式は

	係数	標準誤差	t	P-値	下限 95%	上限 95%	下限 95.0%	上限 95.0%
切片	3141.717507	379.5746043	8.276943377	0.000420071	2165.989924	4117.44509	2165.989924	4117.44509
X 値 1	-48.00349577	16.56721904	-2.897498709	0.0338893	-90.59088809	-5.416103452	-90.59088809	-5.416103452
X 値 2	10.9933047	2.827638019	3.887804814	0.011550493	3.724629772	18.26197963	3.724629772	18.26197963
X 値 3	2.791693193	2.443131954	1.142585656	0.304954166	-3.489040136	9.072426521	-3.489040136	9.072426521
X 値 4	-268.2797667	191.7156601	-1.39936282	0.220583302	-761.1005602	224.5410267	-761.1005602	224.5410267

概要

	回帰統計
重相関 R	0.880235213
重決定 R2	0.77481403
補正 R2	0.594665255
標準誤差	267.1448818
観測数	10

分散分析表

	自由度	変動	分散	観測された分散比	有意 F
回帰	4	1227778.061	306944.5152	4.300967506	0.070674453
残差	5	356831.9392	71366.38785		
合計	9	1584610			

| 図6.10 | **Excelで重回帰分析をおこなった結果**

表6.5のデータにもとづく。「価格」を目的変数（y）とし、築年数（x_1）、土地面積（x_2）、最寄り駅からの距離（x_3）、最寄り駅からの時間（x_4）の4つを説明変数とした

$$y = -48.0x_1 + 11.0x_2 + 2.79x_3 - 268x_4 + 3140$$

と求まります。

② 各説明変数の係数（偏回帰係数）の符号が、各説明変数の増加に対する目的変数の変化の向き（増加か減少か）を表します。よって、回帰式から以下がわかります。

・x_1が増加するとyは減少する
・x_2が増加するとyも増加する
・x_3が増加するとyも増加する
・x_4が増加するとyは減少する

③ Excelでは、変数間の相関係数はCORREL関数を用いて計算できます。しかし、3つ以上の変数データが得られている場合、「データ分析」機能を用いると、すべての2変数の組み合わせに対して一度に相関係数を求めることができます。手順は以下のとおりです。

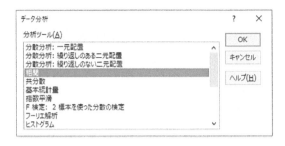

図6.11 | **Excelのデータ分析のメニュー**

「相関」を選ぶと、すべての2変数の組み合わせについて相関係数が計算される

価格（万円）	築年数（年）	土地面積（m2）	最寄り駅からの距離（m）	最寄り駅からの時間（分）
4730	10	221.87	630	8
4050	10	172.21	880	12
3850	5	105.3	410	5
3610	10	130.27	160	3
4600	1	174.21	110	2
3670	21	199.21	660	8
4740	18	205.01	255	3
3950	10	171.96	780	10
4180	1	94.9	260	3
4350	23	206.43	80	1

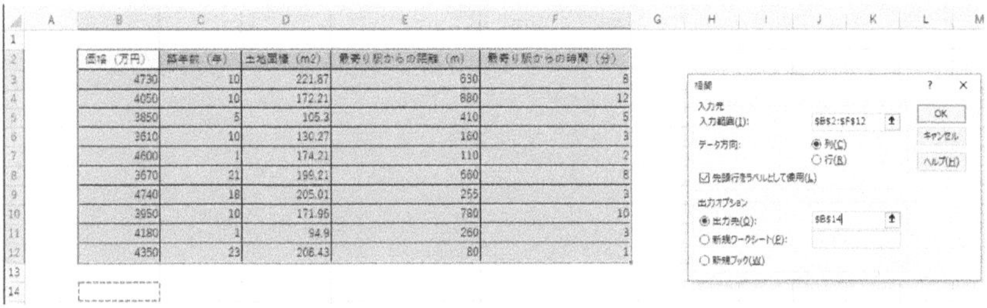

図6.12 | **Excelの相関分析の設定ウィンドウ**

「入力範囲」にはラベルをふくむ全データを選択。「データ方向」は「列」を選択。「先頭行をラベルとして使用」にチェック。「出力先」を指定。「OK」をクリックすると結果（図6.13参照）が得られる

まず、図6.11のように「データ分析」機能で「相関」を選択します。次に、設定ウィンドウにおいて、以下の操作をおこないます（図6.12）。

- 「入力範囲」として「価格」「築年数」などのラベルもふくめて全データを選択します。
- 各データは列方向に並んでいるので、「データ方向」は「列」を選択します。
- 「先頭行をラベルとして使用」にチェックを入れます。
- 出力先を指定します。

すると、図6.13の結果が得られます。行と列の交点にあたる数値が、それ

	価格（万円）	築年数（年）	土地面積（m2）	最寄り駅からの距離（m）	最寄り駅からの時間（分）
価格（万円）	1				
築年数（年）	-0.033965116	1			
土地面積（m2）	0.506370572	0.677397936	1		
最寄り駅からの距離（m）	-0.25105368	0.056954727	0.192443941	1	
最寄り駅からの時間（分）	-0.270162447	0.021183346	0.180743999	0.991487595	1

図6.13 | Excelによる相関分析の結果

入力した5つの変数データについて、すべての2変数の組み合わせの相関係数が計算される

それぞれの2変数の組み合わせにおける相関係数です。

　④　x_3とyの間には弱い負の相関、x_4とyの間にも弱い負の相関があることがわかりました。つまり、相関係数からは、x_3とx_4の増加に対して、yは減少する傾向があると言えます。一方、偏回帰係数からは、x_3が増加するとyも増加し、x_4が増加するとyは減少する傾向があるという解釈が可能です。

相関係数と偏回帰係数のどちらが正しい？

　④の結果から、相関係数から求めた変数間の関係と、偏回帰係数から求めた変数間の関係に矛盾が生じていることがわかりました。現実的な考え方をすると、x_3（最寄り駅からの距離）そしてx_4（最寄り駅からの時間）が増加するということは、それだけ交通の便が悪い場所に立地しているとみなせるので、y（一戸建ての価格）は下がると考えられます。したがって、相関係数から求められた変数間の関係のほうが妥当でしょう。

　改めてx_3とx_4について考えてみましょう。最寄り駅からの距離と最寄り駅からの時間とは、途中に急な坂があるような場合を除けば、一方を他方で表すことができます。移動手段が同じならば、とうぜん時間は距離に比例するからです。つまりこれら2つの変数は同じ事柄を表していると考えるのが妥当です。したがって、これら2つの変数は非常に相関が高いことが予想されます。実際、③の結果として、x_3（最寄り駅からの距離）とx_4（最寄り駅からの時間）との間の相関係数が0.991と、ほぼ1に近い値が得られていました。

　異なる説明変数どうしの間に非常に強い相関があると、重回帰分析の計算

は不安定になります。その結果、この例題のように、偏回帰係数の符号が本来とは逆（正のはずが負、あるいは負のはずが正）になってしまうのです。この現象を**多重共線性**と呼びます。この現象が起こると、回帰式から誤った解釈を導いてしまう可能性があるので、注意が必要です。

多重共線性の回避

　一般に、偏回帰係数と相関係数の間に矛盾があり、かつ、説明変数どうしの間に非常に強い相関が存在するとき、多重共線性が発生すると考えられています。よって、重回帰分析をおこなう際には、以下の手順で多重共線性を回避しましょう。

(1) 重回帰分析で得られた偏回帰係数と、目的変数、説明変数間の相関係数を調べる。
(2) 偏回帰係数と相関係数の間に矛盾がないかを調べる。
(3) 矛盾があった場合、説明変数間に強い相関があれば多重共線性であると判断する。
(4) 多重共線性であると判断したら、説明変数を減らし、再度重回帰分析をおこなう。

　この例題では多重共線性が発生しているので、x_3（最寄り駅からの距離）かx_4（最寄り駅からの時間）のどちらかを捨てなければなりません。そこで、説明変数をx_1（築年数）、x_2（土地面積）、x_3（最寄り駅からの距離）として（x_4を捨てて）再度重回帰分析をおこなうと、図6.14の結果が得られます。
　よって回帰式は

$$y = -41.1x_1 + 10.4x_2 - 0.560x_3 + 3120$$

となります。偏回帰係数の符号と相関係数の符号に矛盾がない結果となりました。

　多重共線性は重回帰分析の実践においてたびたび遭遇する課題です。誤った解釈を避けるため、重回帰分析をおこなう際には、多重共線性が生じない

	A	B	C	D	E	F	G	H	I	J
14										
15		概要								
16										
17			回帰統計							
18		重相関 R	0.828626251							
19		重決定 R2	0.686621463							
20		補正 R2	0.529932195							
21		標準誤差	287.6869721							
22		観測数	10							
23										
24		分散分析表								
25			自由度	変動	分散	観測された分散比	有意 F			
26		回帰	3	1088027.237	362675.7456	4.382058005	0.058836239			
27		残差	6	496582.7633	82763.79389					
28		合計	9	1584610						
29										
30			係数	標準誤差	t	P-値	下限 95%	上限 95%	下限 95.0%	上限 95.0%
31		切片	3123.643045	408.5252477	7.646144423	0.000261298	2124.017774	4123.268315	2124.017774	4123.268315
32		X 値 1	-41.09055944	17.02953848	-2.41289918	0.052355775	-82.76033898	0.57922009	-82.76033898	0.57922009
33		X 値 2	10.39930501	3.010562734	3.454272815	0.013581915	3.032723377	17.76588664	3.032723377	17.76588664
34		X 値 3	-0.599605573	0.334736964	-1.791273857	0.123434976	-1.418677418	0.219466272	-1.418677418	0.219466272

図6.14 | Excelによる重回帰分析の結果

図6.10と同様、表6.5のデータにもとづく。ただし、最寄り駅からの時間（x_4）のデータは使わず、説明変数を3つに減らした

変数の選択が重要です。「どのような変数選択がよいのか？」といった話は、本書の紙幅では語り切れません。興味をもった読者は、回帰分析についてくわしく書かれた専門書を参照してください。

練習問題 6.3

表6.6はあるコンビニエンスストアの月ごとの売上を示しています。

① 売上高を目的変数、来客数・降水量・降水日数・最高気温を説明変数とした回帰式を求めてください。

② 多重共線性が発生しているかどうか判定してください。

表6.6 | あるコンビニエンスストアの売上

売上高 (万円)	来客数 (万人)	降水量 (mm)	降水日数 (日)	最高気温 (℃)
1300	2.2	52	5	20
1050	1.9	56	6	14
1280	2.0	117	11	13
1200	1.8	153	12	29
1300	2.2	168	14	31
1400	2.3	93	8	16

An Introduction to
Statistics for **Business** and **Commerce**

Part II | 観測されたデータの
起こりやすさを測る

Part Iでは、観測されたデータを読み取ることを試みました。そもそも
データとは、確率的に発生する事象を観測した結果です。Part IIでは、
事象が確率的に発生するとはどういうことかを考えます。

| Chapter 7 |

確率の定義と場合の数
—— 確率的な現象を3種類の場合の数で表そう

私たちは「確率50%」とか「確率0.2」といった形で、生活の中で確率というものに多く触れています。本章では、この何気なく使っている確率の定義や、確率を求めるにあたって必要となる"場合の数"について学びます。

7.1 ◆ 確率の定義

例題 7.1

コインを1回投げます。このとき、以下の確率を求めてください。
① 表が出る確率
② 表または裏が出る確率

多くの読者がこれまでの生活で確率というものに触れたことがあるでしょう（中学や高校の数学でも登場したはずです）。そして、それほど悩むことなく、①の確率は $0.5\left(=\dfrac{1}{2}\right)$ そして②の確率は1と答えられると思います。

例題7.1は正解するのはむずかしくありません。この簡単な問いを入り口にして、確率について掘り下げてみましょう。

確率とは何だろう？

コインの表が出る確率を知っているからといって、確率そのものを理解したことにはなりません。本節からしばらく確率という概念を扱うので、まずは、その定義から考えていきましょう。

確率とは次のように説明されます。

確率：ある事象（出来事）が起こる確からしさ（可能性）の度合い、またその数値。0（絶対に起こりえない）以上1（必ず起こる）以下の数値で表される（パーセント表示の場合は0 ～ 100%）。

出来事が起こる確からしさが確率ですから、具体的に数値が求められるかは別として、以下の出来事はいずれもある確率をもちます。

・コインを投げたときに表が出る。
・サイコロを投げたときに1の目が出る。
・東京で明日雨が降る（天気予報の降水確率）。
・ある会社が1年以内に倒産する（企業の格づけ）。

たとえばサイコロを振ることを考えた場合、出来事（結果）の例として「1の目が出る」が挙げられます。サイコロには、ご存じのとおり複数（ふつうは6つ）の目があり、投げるといずれかの目を上にして止まります。止まったときに上に現れた目が、「結果」です。どの目が出るかは、事前にはわかりません。「1の目が出る」かもしれないし、ほかの結果が出るかもしれない──これが、「1の目が出る」という出来事がある確率で起こるということです。

確率は0以上1以下の数値で表されると書きました。小数の場合もありますが、分数で表されることが多いです。そこで、確率を表す分数の分母と分子がそれぞれ何を意味するかを理解することが重要です。

確率を理解するために必要な用語

ここで、確率を理解するために必要となる言葉の定義を確認しておきましょう。

標本点：起こる可能性のある個々の出来事（結果）。
標本空間：起こりうるすべての出来事を集めたもの（「集合」と呼ぶ）。つま

り標本点全体の集合。Ω（ギリシャ文字のオメガ〈大文字〉）という記号で表す。

　事象：起こりうる出来事。標本空間の一部分（集合の一部分という意味で「部分集合」と呼ばれる）として表される。

　空事象：標本点をひとつもふくまない事象（決して起こらない事象）のこと。集合として見る場合は「空集合」と呼ばれる。∅という記号[3]で表す。

　全事象：起こりうるすべての出来事のうち、いずれかが起こる事象のこと。

　標本空間と標本点、そして事象の関係を図示すると、たとえば図7.1(a)のようになります。標本空間と全事象は図の上では同じものを指しますが、とらえ方には違いがあります。前者が「起こりうるすべての出来事の集まり」を指すのに対し、後者は「起こりうるすべての出来事のいずれかが起こること」を指すのです。

　より具体的に、1回のコイントスを考えましょう。起こりうる出来事、すなわち標本点は「表（が出る）」と「裏（が出る）」の2つです（特殊な状況では、投げたコインが落ちてこないとか、回転し続けて表か裏か定まらない

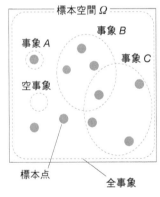

(a) 一般的な標本空間

(b) 1回のコイントスについての標本空間

| 図7.1 | 標本空間・標本点・事象

---

3)　ギリシャ文字によく似た文字 ϕ（ファイ）があります。空事象の記号 ∅ は ϕ とは別物で、「ファイ」とは読みません。英語圏では、"empty set"、"slashed o" と読まれます。

こともあるかもしれませんが、ここではそうした可能性は除外します）。したがって、標本空間Ωはこの2つの標本点からなります（図7.1 (b)）。このとき、標本空間を標本点の集合として表すことができ、そのことを

$\Omega =$｛表，裏｝

という式で表します。また、「表（が出る）」という出来事を事象Aとすると、

$A =$｛表｝

と表されます。

こうした表記に慣れるために、次の練習問題に挑戦してみてください。

練習問題 7.1

サイコロを1回振るとき、以下を標本点の集合として表してください。
① 標本空間Ω
② 偶数の目が出るという事象P

事象と標本空間

例題 7.2

サイコロを1回投げるとき、目が2以下となる事象Aが起こる確率を求めてください。

例題7.1と同様、正解すること自体はむずかしくない問題です。ここでは、事象と標本点の概念を用いて確率を求めてみましょう。

この問題において、標本点は「1（の目が出る）」「2（の目が出る）」……「6（の目が出る）」の6つです。前項と同じように、標本空間Ωと事象Aを標本点の集合として式で表せば、それぞれ次のようになります。

$$\Omega = \{1, 2, 3, 4, 5, 6\}$$
$$A = \{1, 2\}$$

サイコロの目はどれも同じ確からしさで出る（ほかの目よりも出やすい目や出にくい目はない）と考えてよいでしょう。したがって、どの標本点も同様の確からしさで起こると仮定します。

このとき、事象Aが起こる確からしさ（確率）は、その事象を構成する標本点が標本空間全体に対して占める割合とみなせます。したがって、事象Aが起こる確率$P(A)$は

$$P(A) = \frac{\text{事象}A\text{にふくまれる標本点の個数}}{\text{標本空間}\Omega\text{にふくまれる標本点の個数}} = \frac{|A|}{|\Omega|} \qquad [7.1]$$

と定義されます。ここで$|A|$は事象Aにふくまれる標本点の個数、$|\Omega|$は標本空間Ωにふくまれる標本点の個数を表します。いま、$|\Omega| = 6$、$|A| = 2$ですから、式［7.1］より、$P(A) = \frac{2}{6} = \frac{1}{3}$となります。

次の練習問題も、事象と標本点の概念を使って解いてみましょう。

練習問題 7.2

サイコロを2回投げたとき、
① 同じ目が出る確率はどのくらいでしょうか？
② 出た目の和が5以下となる確率はどのくらいでしょうか？

標本点の数を知りたい

式［7.1］を用いて、ある事象が起こる確率を計算するには、全事象（標本空間全体）と対象となる事象にふくまれる標本点の数を求める必要があります。標本点の数を求める単純な手法は数え上げ（列挙）です。たとえば、サイコロを1回投げるときの全事象は$\Omega = \{1, 2, 3, 4, 5, 6\}$とすべて書き出すことができ、その標本点の数は$|\Omega| = 6$と数えられます。

では、サイコロを4回投げるときの全事象は列挙できるでしょうか？　ジ

ョーカーを抜いた52枚のトランプの中から5枚を引くときの全事象は列挙できるでしょうか？　時間と労力をかければ可能ですが、現実的ではありません。そうした場合に有効な考え方が「場合の数」です。次節で説明します。

7.2 ◆ 場合の数

　確率を計算することが目的ならば、別に標本点そのものを知る（書き出す）必要はなく、その数だけがわかれば十分です。標本点の数を調べる手段として「場合の数」があります。

　場合の数とは、「ある事象が起こる場合は何通りあるか」（ある事象を構成する標本点がいくつあるか）を表す数のことです。対象の事象がどういった性質のものかによって、場合の数の数え上げの方法が変わります。次の例題を考えてみましょう。

> **例題 7.3**
>
> 　1文字のアルファベットが書かれたカードが4枚あります。各カードに書かれている文字はA, B, C, Dです。次の場合の数を求めてください。
> 　①　4枚すべてを並べる事象の場合の数
> 　②　4枚から2枚を選んで並べる事象の場合の数
> 　③　4枚から2枚を選ぶ事象の場合の数

　まず試しに、4枚のカードをすべて並べるという事象の場合の数を樹形図で数えてみましょう。樹形図は図7.2のようになります。樹形図とは、事象の場合分けを枝分かれによって表現する図です。この例題であれば、並べるカードを起点に枝分かれしていきます。そして樹形図の左端の点から右側の各端点までの文字の並び（A-B-C-D, A-B-D-C, …）が1つひとつの場合（標本点）です。この図の枝を数え上げるのは少々面倒ですから、計算で求めることを考えましょう（図7.3）。

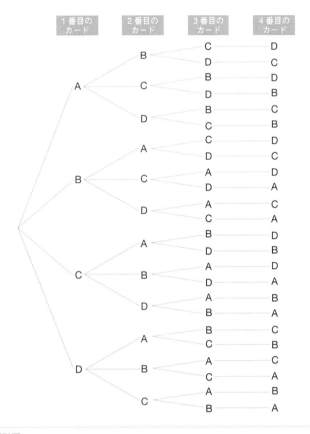

図7.2 樹形図

A〜Dのアルファベットが書かれた4枚のカードの並べ方。左（1枚目のカード）から順に並べていくとして、場合分けを枝分かれで表した

すべてを並べる場合

①「4枚すべてを並べる」ということは、1番目に並べられるカードは4通りです（A〜Dのどれを並べてもかまいません）。2番目に並べられるのは、1番目に使わなかった3枚のうちの1枚ですから3通り。3番目は残った2枚から選ぶので2通りで、4枚目はおのずと決まります（1通り）。

1番目から4番目のカードについての場合の数は、つねに4通り、3通り、2通り、1通りです（1〜3番目にどのカードを選んでも変わりません）。4通りある1番目のカードに対して、2番目のカードが3通り、3番目のカードが2通

りあるので、全体としての場合の数は1番目から4番目のカードの場合の数の積で決まります。つまり、「4枚すべてを並べる事象の場合の数」は、$4 \times 3 \times 2 \times 1 = 24$ 通りです。

いくつか選んで並べる場合

②「4枚から2枚を選んで並べる」とき、①と同じ考え方をすると、1枚目

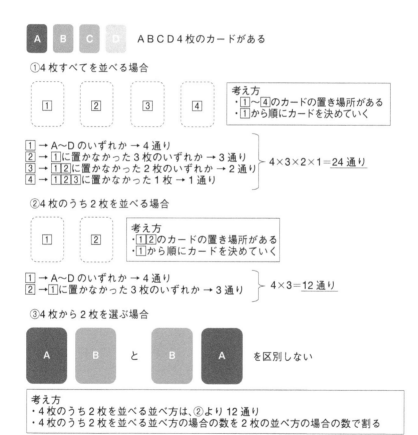

図7.3 **すべて並べる、一部を並べる、一部を選ぶ**（例題7.3の考え方）

のカードが4通り、2枚目のカードが3通りですから、場合の数は$\underline{4 \times 3 = 12}$ $\underline{通り}$となります。

　これは、図7.2の樹形図を見ると、4枚すべてを並べた状態から3〜4番目のカード2枚分の枝分かれを無視したものとみなすことができます。ですから、$\dfrac{4 \times 3 \times 2 \times 1}{2 \times 1} = 4 \times 3$という計算に等しいです。

いくつか選ぶ（だけの）場合

　③　②と似た状況に思えますが、カードを選ぶだけで並べません。つまり、順番は問わないということで、たとえばA-BとB-Aを同一視する（1通りとみなす）ことになります。

　ここで、②で考えた状況について振り返りましょう。「4枚から2枚を選んで並べる」というプロセスは、「4枚から2枚を選ぶ」と「選んだ2枚を並べる」の2つのプロセスから構成されています。場合の数で考えるならば、「4枚から2枚を選んで並べる事象の場合の数」は「4枚から2枚を選ぶ事象の場合の数」と「2枚を並べる事象の場合の数」の積ということです。③で問われているのは、「4枚から2枚を選ぶ事象の場合の数」ですから、「4枚から2枚を選んで並べる事象の場合の数」（②の答え）を「2枚を並べる事象の場合の数」で割れば得られます。

　2枚の並べ方は2×1通りです。したがって、「4枚から2枚を選ぶ事象の場合の数」は、$\underline{\dfrac{4 \times 3}{2 \times 1} = 6}$通りとなります。

3種類の場合の数——階乗・順列・組合せ

　例題7.3では、3つの場合の数を求めました。すこし状況を変えると、場合の数が変化することをおわかりいただけたと思います。じつはこの3つの場合の数はとても重要です。それぞれ

- ・全部を並べる　　　➡　階乗（factorial）
- ・一部を選んで並べる　➡　順列（permutation）
- ・一部を選ぶ　　　　➡　組合せ（combination）

と呼ばれる場合の数に相当します。しっかり区別できるようになるとともに、

公式化してしまいましょう。

まずは**階乗**です。ある正の整数 n について、1 から n までの正の整数の積を「n の階乗」と呼び、「!」という記号を使って「$n!$」と表します。たとえば、4 の階乗は $4 \times 3 \times 2 \times 1 = 4!$ です。例題 7.3 ① では、まさにこの計算をしました。場合の数を求める際、階乗の計算は欠かせません。

例題 7.3 ② を振り返ると、4 枚の中から 2 枚を選んで並べる**順列**は、4 枚をすべて並べる階乗の一部とみなすことができました。4 枚すべてを並べた状態から 3 〜 4 番目のカード 2 枚分の枝分かれを無視したものになります。ですので、この $(4-2)$ 枚分を並べる場合の数を重複分として、すべてを並べる場合の数から取り除くことになります。よって割り算をして $\dfrac{4!}{(4-2)!}$ として表されます。

また、例題 7.3 ③ で考えた 4 枚の中から 2 枚を選ぶ**組合せ**は、4 枚の中から 2 枚を選んで並べる順列の中から、その 2 枚を並べる並べ方の場合の数分の重複を取り除いたものに等しいのでした。したがって、$\dfrac{4!}{2! \times (4-2)!}$ で計算されます。

以上を一般化して、n 個のものがあるときの 3 種類の場合の数を公式化しましょう。すると、以下のようになります。

階乗：異なる n 個をすべて並べる事象の場合の数

$$n! = n \times (n-1) \times (n-2) \times \cdots \times 3 \times 2 \times 1 \tag{7.2}$$

ただし、$0! = 1$ とする

順列：異なる n 個の中から r 個を選んで並べる事象の場合の数

$$_nP_r = \frac{n!}{(n-r)!} \tag{7.3}$$

組合せ：異なる n 個の中から r 個を選ぶ事象の場合の数

$$_nC_r = \frac{_nP_r}{r!} = \frac{n!}{r! \times (n-r)!} \tag{7.4}$$

場合の数を求める際、注目している事象が階乗で表される（全部並べる）か、順列で表される（選んで並べる）か、それとも、組合せで表される（選ぶだけ）のかを判断することが重要です。3 種類の場合の数をきちんと使い

分けられるようになるため、次の練習問題に挑戦してみてください。

練習問題 7.3

　以下の事象は階乗、順列、組合せのいずれに相当するかを考え、場合の数を求めてください。

① 5人が窓口に1列で並ぶ。

② 5人の中から3人を選び、異なる仕事を割り当てる。

③ ゼミのメンバー16人を同じ人数の2グループに分ける。

④ 4人の子供を車の助手席または後部座席（3席）に座らせる。

⑤ ジョーカーを除いたトランプの山から5枚を引くときのカードのそろい方。

　階乗・順列・組合せのいずれであるかがわかれば、場合の数を具体的に求めるためには公式（式［7.2］～［7.4］）を適用するだけです。ただし、複雑な問題になると、1つの公式を当てはめるだけでは解けないこともあるので注意してください。次の練習問題にも挑戦してみましょう。

練習問題 7.4

　以下の事象について、場合の数を求めてください。

① 15人収容の教室に3列の席がある。1番前のそれぞれの席に座る人を決める。

② 図7.4は道路を線で表したものである。PからQに行く最短経路を選ぶ。

③ 5人を円形に並ばせる。

④ 0, 1, 2, 3, 4, 5の6つの数をすべて使って6桁の整数をつくる。

⑤ 8冊の異なる本を2冊ずつ4つの箱A, B, C, Dに分ける。

図7.4｜縦3マス、横5マスの道路
PからQに行く最短経路について考える

7.3 ◆ 場合の数を用いた確率の計算

例題 7.4

15人のサークルでまとめ役を選びます。以下の①と②の場合について、AさんとBさんの2人がまとめ役に選ばれる確率を考えてください。

① まとめ役がリーダーと副リーダーの2役である場合。
② まとめ役がリーダー、副リーダー、会計の3役である場合。

7.1節で学んだ確率の定義（式［7.1］）を思い出してください。ある事象の確率は、その事象を構成する標本点の数を全事象の標本点で割ることで得られるのでした。7.2節で見たとおり、場合の数は標本点の数に等しいので、確率は

$$\text{確率} = \frac{\text{注目している事象の場合の数}}{\text{全事象の場合の数}} \qquad [7.5]$$

と定義しなおすことができます。この式を使って①②の確率を求めましょう。

① この問題の状況は、まとめ役を務めるメンバーを「選ぶ」プロセスと、選ばれたメンバーの「役を割り当てる」プロセスの2段階に分解できます。「役を割り当てる」プロセスは例題7.3の「並べる」に相当し、場合の数の考え方は例題7.3と違いがありません。

15人からまとめ役2人を選んでリーダー、副リーダーとするので、全事象の場合の数は、$_{15}P_2 = \frac{15!}{(15-2)!} = \frac{15!}{13!} = 15 \times 14 = 210$通りです。

次に、AさんとBさんにリーダーと副リーダーを割り当てる事象の場合の数は、2人（もしくは2役）を順番に並べる事象の場合の数に等しいので、$2! = 2$通りです。

よって、求める確率は、

$$\frac{2}{210} = \frac{1}{105} = 0.009523\cdots = \underline{0.00952}$$

となります。

② 15人からまとめ役3人を選んで、リーダー、副リーダー、会計を割り当てるので、全事象の場合の数は $_{15}P_3 = \dfrac{15!}{(15-3)!} = \dfrac{15!}{12!} = 15 \times 14 \times 13 = 2730$ 通りです。

次に、AさんとBさん、そしてそれ以外の誰か1人にリーダー、副リーダー、会計を割り当てる事象の場合の数を考えます。AさんとBさんに役を割り当てる事象の場合の数は $_3P_2$ です。AさんとBさんの役が決まれば、もうひとりの役はおのずと決まります。ただし、もうひとりのまとめ役はAさんとBさん以外の誰でもかまわないので、その場合の数は $15 - 2 = 13$ 通りです。以上より、AさんとBさんがまとめ役に選ばれる場合の数は、$_3P_2 \times 13 = \dfrac{3!}{1!} \times 13 = 6 \times 13 = 78$ 通りです。

よって、求める確率は、

$$\frac{78}{2730} = \frac{1}{35} = 0.02857\cdots = \underline{0.0286}$$

となります。

練習問題 7.5

6人が1回ジャンケンをします。この6人は全員グー、チョキ、パーを等しい確率（1/3）で出すとします。6人のうち4人（だけ）が勝つ確率を求めてください。

練習問題 7.6

1組のトランプ（ジョーカーを除く52枚）の山から5枚引いたとき、同じマークで10, J, Q, K, Aがそろう確率を求めてください。

| Chapter 8 |

事象の関係と確率の計算
──計算を楽ちんにする事象のとらえ方を知ろう

前章では確率の考え方を整理し、1つの事象が起こる確率を場合の数を用いて計算することを考えました。現実には、私たちの身の回りには複数の事象が同時に起こることや、それらのうちの一部が起こることがあり、それらの確率を知りたい場合があります。そこで本章では、複数の事象の間の関係や、それを用いた確率の計算について学びます。

8.1 ◆ 事象の関係

例題 8.1

サイコロを1回投げるとき、以下の事象を標本点の集合として表し、その事象が起こる確率を求めてください。
① 4以上かつ3の倍数の目が出る事象 J
② 4以上または3の倍数の目が出る事象 K

例題7.2と同じく「サイコロを1回投げる」ことを考えているので、標本空間は $\Omega = \{1, 2, 3, 4, 5, 6\}$ と表されます。また、「4以上の目が出る」事象を A、「3の倍数の目が出る」事象を B とすると、$A = \{4, 5, 6\}$、$B = \{3, 6\}$ です。

「AかつB」と「AまたはB」

①「4以上かつ3の倍数の目が出る」という事象 J を構成する標本点を考えましょう。事象 J は「事象 A と事象 B が同時に起きること」に等しいので、その標本点は事象 A と B の両方に共通してふくまれる標本点です。したがっ

て$J = \{6\}$で、事象Jが起こる確率$P(J)$は$P(J) = \dfrac{|J|}{|\Omega|} = \dfrac{1}{6}$となります。

②「4以上または3の倍数の目が出る」という事象Kは、事象Aと事象Bの少なくとも一方が起きることに等しいので、その標本点は事象AとBの少なくとも一方にふくまれる標本点です。したがって、$K = \{3, 4, 5, 6\}$で、事象Kが起こる確率$P(K)$は$P(K) = \dfrac{|K|}{|\Omega|} = \dfrac{4}{6} = \dfrac{2}{3}$となります。

積事象と和事象

例題8.1で考えた事象を図示すると、図8.1のようになります。JはAとBの重なり部分、KはAとBの全体です。日本語では、「かつ」でつなぐか「または」でつなぐかという些細な違いに思えますが、図にするとまったく別物であることがわかりますね。このように、2つの異なる事象の関係性で定義される事象には名前が与えられており、また式で表すことができます。

> 積事象：2つの異なる事象を同時に満たす事象。事象AとBの積事象を$A \cap B$と表す。
> 和事象：2つの異なる事象のうち少なくとも1つが起こる事象。事象AとBの和事象を$A \cup B$と表す。

Chapter 7で、事象は標本点の集合として表されると述べました。集合と

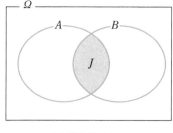
(a) 積事象 $A \cap B$

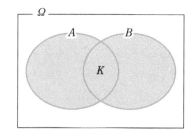
(b) 和事象 $A \cup B$

｜図8.1｜ **積事象と和事象**

(a) 事象Aと事象Bの重なった部分が表す事象Jは、事象Aと事象Bの積事象と言う。$J = A \cap B$

(b) 事象Aと事象Bの全体を表す事象Kは、事象Aと事象Bの和事象と言う。$K = A \cup B$

して考える場合には、積事象は「集合間の**交わり**」、和事象は「集合間の**むすび**」と呼びます。積事象は集合間が交わった（重なった）部分、和事象は集合どうしをむすびつけた全体を指すことから、このように呼ばれています。

積事象と和事象を表す式を用いると、例題8.1で考えた2つの事象JとKは、それぞれ、$J = A \cap B$、$K = A \cup B$と表せます。

余事象と排反事象

さらに、事象の関係として以下の2つを覚えてください。それぞれ標本空間においては図8.2のように表されます。

> 余事象：ある事象が起こらないという事象。事象Aの余事象をA^cと表す。
> 排反事象：同時に起こりえない（標本空間上で重ならない）事象。事象AとBが互いに排反事象であるとき、$A \cup B = A + B$が成り立つ。

事象AとA^Cは同時に起こりえないので、互いに排反です。また、図8.2 (a) より全事象Ωは$A \cup A^C$（AまたはA^C）と等しいので、$A + A^C = \Omega$が成り立ちます。

これ以外にも事象の間の関係として、独立事象というものがありますが、これについては、9.2節で説明します。

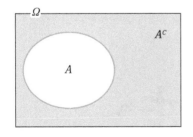

(a) 余事象 A^C

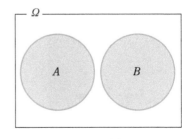

(b) 排反事象

| 図8.2 | **余事象と排反事象**

(a) 事象Aを除く事象A^cを事象Aの余事象と言う。$A + A^c = \Omega$
(b) 標本空間上で重ならない事象を排反事象と言う。図では、事象Aは事象Bの排反事象である（逆も成り立つ）。このとき$A \cup B = A + B$、$A \cap B = \varnothing$

練習問題 8.1

サイコロを1回投げたとき、

・出た目が偶数となる事象を A（$A = \{2, 4, 6\}$）
・出た目が3の倍数となる事象を B（$B = \{3, 6\}$）

とします。標本点の集合として表される以下の①～⑤の事象を $A, B,$ $\Omega, \varnothing$ を用いた式で表してください。

① $\{2, 3, 4, 6\}$
② $\{1, 2, 3, 4, 5, 6\}$
③ $\{6\}$
④ $\{10, 12\}$
⑤ $\{1, 3, 5\}$

COLUMN 7

∩ と ∪、どっちがどっち？

数学が苦手と感じる1つの要因は、なじみのないギリシャ文字や記号が出てくることかもしれません。たとえば、2つの集合の「交わり」や「むすび」といった言葉であれば想像しやすい集合間の関係を、∩や∪といった記号を使って表現されても、どちらが「交わり（積事象）」でどちらが「むすび（和事象）」か、わかりにくいこともありそうです。

この2つの記号は、図8.3のように覚えるのはいかがでしょう？え、こじつけが強引ですって？

| 図8.3 | ∩と∪の見分け方（思い出し方）

8.2 ◆ 確率の基本的性質

例題 8.2

6面サイコロを1回投げたとき、以下の事象が起こる確率を求めてください。

① 奇数の目 $\{1, 3, 5\}$ が出る

② 7の目が出る

③ 奇数または偶数の目が出る

例題8.1と同じく、標本空間は $\Omega = \{1, 2, 3, 4, 5, 6\}$ です。

① 奇数の目が出る事象の標本点の数は3なので、確率は $\dfrac{3}{6} = 0.5$ です。

② 6面サイコロには7の目はありません。7の目が出るという事象に標本点がない（空集合）ことになります。確率は $\dfrac{0}{6} = 0$ です。

③ 奇数または偶数の目が出る事象の標本点は $\{1, 2, 3, 4, 5, 6\}$ なので、確率は $\dfrac{6}{6} = 1$ です。

例題8.2は簡単すぎたかもしれません。しかし、重要な情報が込められていました。一般化した確率の基本的性質として、以下を確認しましょう。

確率の基本的性質：

確率のとりうる範囲	$0 \leq P(A) \leq 1$	[8.1]
空事象の確率	$P(\varnothing) = 0$	[8.2]
全事象の確率	$P(\Omega) = 1$	[8.3]
和事象の確率	$P(A \cup B) = P(A) + P(B) - P(A \cap B)$	[8.4]

事象 A と B が排反であるときの和事象の確率

$$P(A \cup B) = P(A) + P(B) \qquad [8.5]$$

余事象の確率	$P(A^c) = 1 - P(A)$	[8.6]

各事象にふくまれる標本点の数は全事象の標本点の数を超えません。また、

標本点をふくまない事象（空集合）も存在しうるので、式 [8.1] 〜 [8.3] が成り立ちます。例題8.2の②で考えた、6面サイコロを振ったときに7の目が出る確率は、式 [8.2] の性質そのものでした。

　和事象にふくまれる標本点の数は、A と B それぞれの事象にふくまれる標本点の数の合計から A と B の重なり部分（つまり積事象）の標本点の数を引いたものになります。式で書けば、

$$|A \cup B| = |A| + |B| - |A \cap B|$$

です。7.1節で見たとおり、ある事象が起こる確率は、その標本点の数を標本空間全体の標本点の数で割ったものなので、

$$
\begin{aligned}
P(A \cup B) &= \frac{|A \cup B|}{|\Omega|} = \frac{|A| + |B| - |A \cap B|}{|\Omega|} \\
&= \frac{|A|}{|\Omega|} + \frac{|B|}{|\Omega|} - \frac{|A \cap B|}{|\Omega|} \\
&= P(A) + P(B) - P(A \cap B)
\end{aligned}
$$

となり、式 [8.4] が導かれます。

　また事象 A と B が排反であるとき、それらの積事象 $A \cap B$ に標本点はひとつもふくまれません（図8.2(b) 参照）。つまり、$|A \cap B| = 0$、ですので $P(A \cap B) = 0$ です。したがって、式 [8.5] が成り立ちます。例題8.2③で考えたのは「奇数の目が出る」事象と「偶数の目が出る」事象の和事象でした。この2つの事象は明らかに排反なので（偶数かつ奇数という数は存在しないので）、これらの積事象は空事象です。つまり、$P($奇数の目が出る $\cap$ 偶数の目が出る$) = 0$ なので、式 [8.5] を使って求められます。

　余事象 A^C は「A ではない事象」でした。その定義から、事象 A と余事象 A^C は互いに排反であり、2つの和事象（$A \cup A^C$）は標本空間全体を占めることになります（図8.2 (a) 参照）。したがって、A^C の確率 $P(A^C)$ について、

$$
\begin{aligned}
P(A) + P(A^C) &= P(\Omega) \\
P(A^C) &= P(\Omega) - P(A) = 1 - P(A)
\end{aligned}
$$

が成り立ちます。これが式 [8.6] です。

式 [8.1] ～ [8.6] の性質をふまえて、以下の練習問題に挑戦してみましょう。

練習問題 8.2

サイコロを1回投げたとき、

・4以上の目が出る事象を U

・3以上5以下の目が出る事象を V

・2以下の目が出る事象を W

とします。以下の①②③を求めてください。

① $P(U \cup V)$

② $P(U \cup W)$

③ $P(U^c)$

8.3 ◆ 余事象の関係を用いた確率の計算

例題 8.3

E, F, G, H の4人がある資格試験を受けます。それぞれが試験に合格する確率は、模試の結果から $\dfrac{2}{3}$, $\dfrac{1}{2}$, $\dfrac{5}{6}$, $\dfrac{1}{3}$ であるとわかっています。4人のうち少なくとも1人が合格する確率を求めてください。なお、各自の合否はほかの人の合否に影響を受けないものとします。

すこし問題が複雑になったので、段階的に考えていきましょう。まず、個人の合格する確率について、標本点と標本空間としてとらえ直します。そのうえで、4人全員の試験結果について考えることにします。また、この例題で確率を知りたい事象は「4人のうち少なくとも1人が合格する」ですが、この事象は余事象を使って簡単に表すことができます。余事象を使った確率の求め方について説明します。

合格する確率が$\frac{2}{3}$とは

　まず、合格する確率とはどういうことかを考えます。Eさんの合格する確率が$\frac{2}{3}$とは、どういう意味でしょうか。これは、簡単に言えば、「3回受験すれば2回合格する（はず）」ということです。同じように表せば、Fさんは2回に1回、Gさんは6回に5回、Hさんは3回に1回合格します。全員が同じ回数だけ受験すると考えれば、もっとわかりやすくなりそうです。そこで、4人とも1年間毎月（つまり12回）模試を受けて、合否の結果を受け取ると考えましょう。各自の合格する回数を求めれば、Eさんは8回、Fさんは6回、Gさんは10回、Hさんは4回です。

　このようにとらえれば、各自の合格する確率を標本空間と標本点で表現することができます。12回の模試における合否の結果全体が標本空間で、各回の結果が標本点です（図8.4）。たとえばEさんの標本空間は合計12個の標本点で構成され、うち8個は合格、残りの4個は不合格の標本点です。試験本番では、これらの標本点の中から1個が抽出され、合否が決まると考えられます。

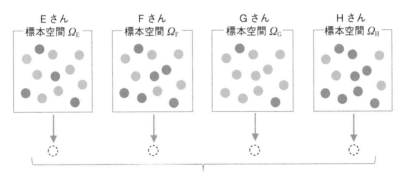

● ：合格　　● ：不合格

資格試験本番では、各自が独立にいずれか1つの標本点を抽出すると考えればよい

| 図8.4 | **E、F、G、Hさんのそれぞれの合格する確率**

それぞれに標本空間をもち、その中に合格と不合格の標本点がふくまれる。合格の標本点が標本空間全体に占める割合が、合格する確率である

4人のうち少なくとも1人が合格する事象

今度は、4人全員の試験結果を考えます。結果は何通りもありえますが、この問題では合格する人数が重要です。そこで、4人のうち何人が合格するかで場合分けをすると、「0人が合格（4人全員が不合格）」「1人だけが合格」「2人だけが合格」「3人だけが合格」「4人全員が合格」の5通りとわかります（図8.5（a））。

確率を知りたい「少なくとも1人が合格する」という事象は、「1人だけが合格」「2人だけが合格」「3人だけが合格」「4人全員が合格」という4つの事象の総和です（図8.5（b））。これら4つの事象の確率をそれぞれ求めて足し合わせればよいことになります。

ただ、4人の合格する確率がそれぞれ異なるため、計算は少々面倒です。たとえば、EさんとFさんの2人だけが合格する確率は図8.6ように計算されます。合格する2人の組合せは$_4C_2 = 6$通りあります。この6通りすべてについて、実現する確率を図8.6のようにそれぞれ計算し、足し合わせなければなりません。

ここで、図8.5(b)をもう一度見てください。標本空間の中で「少なくとも1人が合格する」事象にふくまれない事象は、「0人が合格」すなわち全員合格しない事象のみでした。そこで、「4人のうち少なくとも1人が合格する」という事象（確率を求めたい事象）をAとすると、事象Aの余事象A^Cは「4人全員が合格しない」となります。前節で示した式［8.6］より、

(a) 4人のうち何人が合格するかで
事象を場合分け

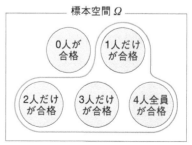

(b)「少なくとも1人が合格する」
事象は4つの事象の総和

| 図8.5 | 合格人数に関する事象の間の関係

Eさんの合格する確率　　Gさんの合格する確率

$$\frac{2}{3} \times \frac{1}{2} \times \left(1 - \frac{5}{6}\right) \times \left(1 - \frac{1}{3}\right) = \frac{1}{27}$$

Fさんの合格する確率　　Hさんの合格する確率

図8.6｜EさんとFさんの2人だけが合格する確率
EさんとFさんが合格して、GさんとHさんが合格しない確率として計算できる

$$P(A) = 1 - P(A^C)$$

という関係があるので、$P(A)$ を求めたければ $P(A^C)$ を求めればよいことがわかります。

そこで、「4人全員が合格しない」事象の確率 $P(A^C)$ を求めましょう。4人そ
れぞれの合否はほかの人には影響を受けません（これは確率における「独
立」という考え方で、Chapter 9でくわしく説明します）。したがって $P(A^C)$
は、各自が不合格となる確率の掛け算により得られます。

$$P(A^C) = \left(1 - \frac{2}{3}\right) \times \left(1 - \frac{1}{2}\right) \times \left(1 - \frac{5}{6}\right) \times \left(1 - \frac{1}{3}\right)$$
$$= \frac{1}{3} \times \frac{1}{2} \times \frac{1}{6} \times \frac{2}{3} = \frac{1}{54}$$

よって、4人のうち少なくとも1人が合格する確率は、

$$P(A) = 1 - P(A^C) = 1 - \frac{1}{54} = \frac{53}{54} = 0.9814\cdots = \underline{0.981}$$

と求まります。

この例題から、ある事象 A の確率 $P(A)$ を知りたいとき、その余事象 A^C の
確率 $P(A^C)$ のほうが求めやすいのであれば、$P(A^C)$ を求め $1 - P(A^C)$ を計算し
て $P(A)$ を求めるのが効率的であることがわかりました。

類似の練習問題を考えてみましょう。

練習問題 8.3

6人が1回ジャンケンをします。この6人は全員グー、チョキ、パーを等しい確率（1/3）で出すとします（練習問題7.5と同じ設定です）。あいこになる確率を求めてください。

練習問題 8.4

ある工場では、4本の製造ラインが並列に動いています。それぞれの製造ラインは古いため、朝の起動時に30％の確率で止まってしまいます。起動時に止まったラインはその日一日使えません。ただし、各製造ラインは前日の状態に関係なく70％の確率で稼働します（30％の確率でストップ）。この工場は1年（365日）に何日ぐらい製造ができるでしょうか？

さらに練習問題に挑戦してみましょう。次の練習問題は表計算ソフトを用いて解いてみてください。

練習問題 8.5

40人のクラスの中に、同じ誕生日の人のペアが少なくとも1組あるのは、珍しいことでしょうか？　このようなことが起こる確率は以下のどの範囲に収まるでしょうか？　ただし、2月29日（うるう日）に生まれた人はおらず、どの人の誕生日もランダムに決まった（生まれやすい日や生まれにくい日はない）ものとします。

(A)　0.2未満

(B)　0.2以上0.4未満

(C)　0.4以上0.6未満

(D)　0.6以上0.8未満

(E)　0.8以上

| Chapter 9 |

条件付き確率とベイズの定理
―― 影響し合う事象の確率を考えよう

Chapter 7、8ではなんらかの事象が起こりうる確率を求めてきました。本章では、ある原因事象が起きた結果として、別の事象が起こる確率、すなわち条件付き確率を考えます。また、条件付き確率の考え方を応用することで、観測された結果の事象から未観測の原因事象の確率を求める、ベイズの定理を学びましょう。

9.1 ◆ 条件付き確率

例題 9.1

40人の生徒からなるクラスがあります。性別の内訳は、男子が19人で女子が21人です。このクラスの生徒は物理か化学のどちらかの科目を選択しています（両方選択している生徒や、どちらも選択していない生徒はいません）。物理選択者は男子では9人、女子では8人でした。

このクラスの生徒の中からランダムに1人を選び、選択科目を尋ねることを考えます。選んだ生徒が女子だったとき、その生徒が物理を選択している確率を求めてください。

問題文を整理すると、このクラスの生徒による科目選択の状況は表9.1のようにまとめられます。

選択科目を尋ねる生徒が女子であることは決まっているので、男子の情報は必要ありません。その生徒が物理を選択している確率は、女子生徒の中の

| 表9.1 | 科目選択状況

化学の履修者数は男子生徒・女子生徒の人数と物理選択者の人数から計算できる

	男子	女子	計
物理	9	8	17
化学	10	13	23
計	19	21	40

物理選択者の割合に等しく、$\dfrac{8}{21} = 0.3809\cdots = \underline{0.381}$ と求められます。

条件付き確率とは

答えは求められましたが、この例題をもう少し見ていきましょう。2つの確率的な事象が絡んでいました。選んだ生徒が「女子である」という事象と「物理選択者である」という事象です。問われているのは、「選んだ生徒が女子だったとき、その生徒が物理を選択している確率」でした。

異なる2つの事象AとBについて、事象Bが起こったことがわかっている場合に、事象Aが起きる確率を**条件付き確率**と呼び、$P(A|B)$と書きます。この表記では、縦棒 | の前（左）に書かれるAが注目している（確率を知りたい）事象、縦棒の後ろのBは起こったことがわかっている（すでに観測された）事象です。例題9.1の場合、「選んだ生徒が女子である」がわかっている事象なのでB、そして「選択科目が物理である」が注目している事象なのでAとなります。

条件付き確率と積事象の確率

例題9.1では、物理選択の女子生徒の人数（8人）を女子生徒の総数（21人）で割ることで答えを求めました。これを標本数の式で表すと、

$$P(A\,|\,B) = \frac{|A \cap B|}{|B|}$$

となります。これは「事象Bが起こったという条件のもとで事象Aが起こる」という条件付き確率を求める式と言えます。

もう一歩進んで、条件付き確率を標本数ではなく確率の式として表してみ

ましょう。ここで、$P(B) = \dfrac{|B|}{|\Omega|}$ と $P(A \cap B) = \dfrac{|A \cap B|}{|\Omega|}$ より、次のように表されます。

条件付き確率と積事象の確率：

$$P(A \mid B) = \frac{|A \cap B|}{|B|} = \frac{P(A \cap B)}{P(B)} \qquad [9.1]$$

$$P(A \cap B) = P(B) \times P(A \mid B) \qquad [9.2]$$

式［9.2］は積事象の確率と条件付き確率との関係を表しています。

練習問題 9.1

サイコロを2回投げて、出た目の合計が8以上になる確率を求めてください。ただし、1回目に出た目は4だったことがわかっています。

練習問題 9.2

① 黒玉が4個、白玉が3個あります。いま、玉を1つ取り出したとき、白玉である確率を求めてください。

② ①で考えた7個の玉は2つの壺アとイに分けて入れられています。アには黒玉3個、白玉1個が入っていて、イには黒玉1個、白玉2個が入っています。いま、玉を壺アから取り出したことがわかっているとき、その玉が白玉である確率を求めてください。

9.2 ◆ 事象の独立

例題 9.2

サイコロを2回投げます。2回目に5の目が出る確率を求めてください。ただし、1回目には3の目が出たことがわかっています。

　問題文より、条件付き確率を問われていることはわかると思います。ただ、練習問題9.1と似ているようで、じつはすこし異なる状況です。どこがどう違うかはさておき、前節と同様に、注目している事象をA、すでに観測された事象をBとして、条件付き確率$P(A \mid B)$を求めましょう。

　事象Aは「2回目に5の目が出る」であり、事象Bは「1回目に3の目が出る」です。式 [9.1] より、求める確率は$P(A \mid B) = \dfrac{P(A \cap B)}{P(B)}$ですから、$P(A \cap B)$と$P(B)$がわかれば計算できます。事象$A$と$B$がどちらも起こる事象、すなわち$A$と$B$の 積事象 $(A \cap B)$ の確率は $P(A \cap B) = \dfrac{1}{36}$ で、$P(B) = \dfrac{1}{6}$です。よって、式 [9.1] より、

$$P(A \mid B) = \frac{P(A \cap B)}{P(B)} = \frac{\dfrac{1}{36}}{\dfrac{1}{6}} = \frac{6}{36} = \frac{1}{6} = 0.1666\cdots = \underline{0.167}$$

となります。

$P(A \cap B) = P(A)$とは、どういう状況か？

　この答えについてもうすこし考えてみましょう。事象Aが起こる確率は$P(A) = \dfrac{1}{6}$ですから、この例題では$P(A \mid B) = P(A)$が成り立つことがわかります。これが意味することは、1回目に3の目が出たことがわかっても、2回目に5の目が出る確率は変わらない（事象Bが起きたことを条件としても事象Aの確率は変わらない）、ということです。

　このように、事象Aが起こる確率がほかの事象Bに影響されないとき、事象AとBは **独立** であると言います。事象AとBが独立であるとき、$P(A \mid B) = P(A)$が成り立ちます。したがって、式 [9.2] をもとに、

$$P(A \cap B) = P(B) \times P(A) \tag{9.3}$$

が成り立つことがわかります。

　事象AとBが独立でない場合も、もちろんあります。前節で扱った例題9.1で考えた2つの事象は独立ではありませんでした。独立でない事象の関係は **従属** と言います。

　事象の間の関係が独立か（従属か）の判定は、それぞれの事象の意味合い

から明らかな場合もあります。しかし、多くの場合、事象間の関係は事前には明らかにはなっていません。そのため、2つの事象が独立であるかは、観測されたデータから式［9.3］が成り立つかどうかを確認して判定することになります。次の練習問題9.3は事象間の関係がある程度はっきりしているため、データがなくても独立かどうかの判定ができる問題となっています。

練習問題 9.3

以下の事象は独立でしょうか？

① 「今日、大阪で雨が降る」という事象と「明日、東京で雨が降る」事象（日本の天気は上空の大気の流れから西から東に変わっていくと考えられています）。

② 年末に全国でいっせいに結果が発表される宝くじについて、ある宝くじ売り場で「今年の年末に当たりが出る」事象と「来年末に当たりが出る」事象（宝くじは毎回ある会場で当せん番号が決まります）。

COLUMN 8

真の乱数は生成できるか？

サイコロを10回投げ続け、出た目を並べて、数列をつくることを考えてみてください。このとき、

5222222226

となる確率と

2315465263

となる確率では、どちらが高いでしょうか？　直感的に、後者のほうが確率は高い（前者のほうが起こりにくい）と判断した人もいると思います。前者では2回目から9回目まで、8回連続で2が出るというところに注目すると、たしかに起こりそうもない気がします。しかし、毎回の出る目は、前に出た目とは無関係です（たとえ直前に7回連続で2が出ていたとしても、次に2が出る確率は1/6）。つまり、サイコロを投げたときに出る目は毎回独立であり、次に出る目は過去に出た

目の影響を受けません。したがって、どちらの数列ができる確率も等しく、その値は $\left(\dfrac{1}{6}\right)^{10}$ です。

このように、次に何が出るかわからない数字のことを乱数と呼びます。次に何が出るかわからないので、乱数の羅列でできた数列には偏りがないという性質があります。人間は、「5222222226」のようなサイコロの目の出方を見ると、偏りがあると感じがちです。では、人間が偏っていると感じる数列は、乱数の数列ではありえないかというと、そうではありません。しかし、たとえば、サイコロを10000回投げて出た目で数列をつくるとして、その結果の中に、1が10回連続する場所や、123123123と数字が規則的に並ぶ場所が絶対にふくまれないというルールがあるとすれば、それこそが偏りです。

乱数は、暗号通信やコンピュータシミュレーションなどさまざまな場面で使われます。ランダム＝適当、とついつい思いがちですが、乱数は産業応用上、大変重要な技術のひとつとなっています。しかし、コンピュータは決められた手続きに沿って動作するものなので、真の意味での乱数を生成するのは困難とされています。そこで、乱数がもつ「乱数でできた数列には偏りがない」という性質をできるだけ満たす擬似乱数を生じさせるプログラムが複数開発されています。

9.3 ◆ 結果から原因の確率を求める

例題 9.3

2つの壺（ア、イ）があります。それぞれの壺にはもともと黒玉と白玉が以下のとおり入っていたことがわかっています。

壺ア：黒玉3個、白玉1個
壺イ：黒玉1個、白玉2個

いま、どちらの壺から取り出されたかわからない玉が1個あり、黒玉
でした。この黒玉はどちらの壺から取り出された確率が高いでしょう
か？

それぞれの壺に入っている玉の色の内訳はわかっています。壺ごとに黒玉
と白玉の数を比べると、壺アでは黒玉のほうが多く、壺イでは黒玉のほうが
少ないので、注目している黒玉は<u>壺アから取り出された可能性</u>が高いと直感
的には理解できるでしょう。ここでは、直感にとどまらず、問題の黒玉が壺
アから取り出された確率を具体的に求めてみます。

求めたい確率を条件付き確率として表す

この例題は、「黒玉が取り出された」という結果がわかっているとき、そ
の原因が「壺アから玉を取り出した」である確率を求めようとしていること
になります。結果から原因の確率を知ることなどできるだろうか、と疑った

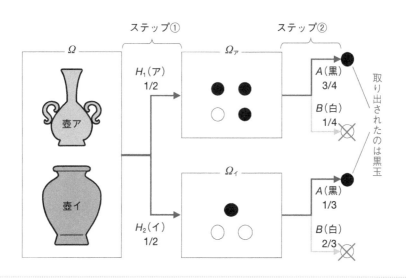

図9.1 | 例題9.3の状況を可視化した図

ステップ①と②の2段階の確率的な出来事を経て、黒玉が取り出されたことがわかっている。このとき、ステップ①で壺アが選ばれた確率を求めたい

くなる読者もいるかもしれません。一見不思議なようですが、本章で学んきた条件付き確率の考え方を使えば、この例題を解くことができます。

この問題の状況は2段階の確率的なステップに分解できることにお気づきでしょうか（図9.1）。つまり、玉を取り出す壺を選ぶステップ（ステップ①とします）と、選んだ壺から1個だけ玉を取り出すステップ（ステップ②）です。①の結果は壺アか壺イのどちらかで、②の結果は黒玉か白玉のどちらかです。②の結果はわかっていますが、①の結果がわかっていません。

ステップ①において、「壺アを選ぶ（壺アから玉を取り出す）」という事象を H_1、「壺イを選ぶ（壺イから玉を取り出す）」という事象を H_2 とします。すると、事象 H_1 と H_2 は互いにもう一方の余事象です（取り出す玉は1個なので H_1 と H_2 は同時には起こらず〈排反〉、また、どちらも起こらないという事象は考える必要がありません）。

また、ステップ②において「（取り出した玉が）黒玉である」事象を A、「（取り出した玉が）白玉である」事象を B とします。すると、どちらの壺にも黒玉と白玉しか入っていないので、事象 A と B も互いにもう一方の余事象です。

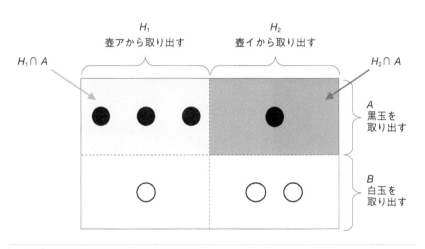

図9.2 壺から玉を取り出す事象の間の関係

標本空間は、壺アとイのどちらから玉を取り出すかによって、H_1 と H_2 に分けられ、取り出した玉の色（黒か白か）によって、A と B に分けられる。H_1 と H_2 は互いにもう一方の余事象に相当し、A と B も同様の関係にある

　これらの事象の関係は図9.2のように表すことができます。また、4つの事象の記号を用いて、求めたい確率を条件付き確率として表せば、$P(H_1|A)$ となります。

　ここで、注目している事象とわかっている事象をひっくり返した場合の確率、つまり $P(A|H_1)$ について考えてみましょう。この確率を言葉で表せば、「壺アから玉を取り出したとき黒玉が出る確率」となります。壺アに入っている玉の色の内訳がわかるので、$P(A|H_1)$ は容易に計算することができます $\left(P(A\,|\,H_1) = \dfrac{3}{4}\right)$。つまり、「壺アから玉を取り出した」という原因がわかったとき、「玉が黒玉であった」という結果が得られる確率 $P(結果|原因)$ は計算可能なのです。

結果を条件として原因の条件付き確率を求める

　ともあれ、求めたい確率を条件付き確率として表すことができたので、式［9.1］より

$$P(H_1\,|\,A) = \frac{P(H_1 \cap A)}{P(A)} \qquad\qquad [9.4]$$

となります。右辺の分母 $P(A)$ と分子 $P(H_1 \cap A)$ がわかれば計算可能です。

　分子の $P(H_1 \cap A)$ はどうでしょうか。$H_1 \cap A$ は「H_1 かつ A」という事象を意味しますが、順序を入れ替えた「A かつ H_1」（$A \cap H_1$）と違いはありません。したがって、$P(H_1 \cap A) = P(A \cap H_1)$ であり、式［9.2］より

$$P(H_1 \cap A) = P(A \cap H_1) = P(A\,|\,H_1)\,P(H_1) \qquad\qquad [9.5]$$

が成り立ちます。なお、この関係は H_1 を H_2 と入れ替えても成り立ちます。

$$P(H_2 \cap A) = P(A \cap H_2) = P(A\,|\,H_2)\,P(H_2) \qquad\qquad [9.6]$$

　式［9.4］の右辺の分母、$P(A)$ についても考えてみましょう。4つの事象の関係を図示した図9.2をもう一度見ると、$P(A) = P(H_1 \cap A) + P(H_2 \cap A)$ であることがわかります。先ほど得た式［9.5］と［9.6］を用いると、

$$P(A) = P(A\,|\,H_1)P(H_1) + P(A\,|\,H_2)P(H_2)$$

と変形できます。

以上より、式 [9.4] は

$$P(H_1 \mid A) = \frac{P(H_1)\,P(A \mid H_1)}{P(H_1)P(A \mid H_1) + P(H_2)P(A \mid H_2)} \qquad [9.7]$$

と変形できます。

壺ア、イを選ぶ確率は半々と考えられます$\left(P(H_1) = P(H_2) = \dfrac{1}{2}\right)$。また、壺アまたは壺イから取り出した玉が黒玉である確率は、それぞれの壺に入った玉の色の内訳で決まります$\left(P(A \mid H_1) = \dfrac{3}{4},\ P(A \mid H_2) = \dfrac{1}{3}\right)$。これで、式 [9.7] の右辺を計算する準備はできました。$P(H_1|A)$ は次のように求まります。

$$P(H_1 \mid A) = \frac{P(H_1)\,P(A \mid H_1)}{P(H_1)P(A \mid H_1) + P(H_2)P(A \mid H_2)} = \frac{\dfrac{1}{2} \times \dfrac{3}{4}}{\dfrac{1}{2} \times \dfrac{3}{4} + \dfrac{1}{2} \times \dfrac{1}{3}} = \frac{9}{13}$$

取り出した玉が黒玉であるとき、その玉が壺アに入っていたものである確率は $\dfrac{9}{13} = 0.6923\cdots = 0.692$ です。黒玉がどちらの壺から取り出されたかを知っている（正解を知っている）人に、「壺を当ててみろ」と要求されたとしたら、「壺ア」と答えれば約70%の確率で正解します。

結果（出た玉の色）から原因（壺）を断定することはできません。しかし、必要な情報さえ得られていれば、複数の原因の候補に対して、それぞれが原因である確率を求めることは可能です。したがって、原因の候補が複数あるときに、その中からもっともらしい原因を予測することができるのです。

ベイズの定理

例題9.3の状況を一般化してみます。式 [9.7] をもう一度見てみましょう。

$$P(H_1 \mid A) = \frac{P(H_1)P(A \mid H_1)}{P(H_1)P(A \mid H_1) + P(H_2)P(A \mid H_2)}$$

この式は、原因が2つ考えられる場合に使えるものです。ここで、原因の候補がもっと多いケースを考えてみましょう。

図9.3を見ながら読み進めてください。原因の候補がn個ある場合を考えます。原因がn個の候補の中の1つに決定する事象を$H_1 \sim H_n$とし、いずれも互いに排反、つまり（2つの壺の例のように）同時に起こりえないとします。求めたい確率は、結果Aが観測されたとき、原因がH_iである確率

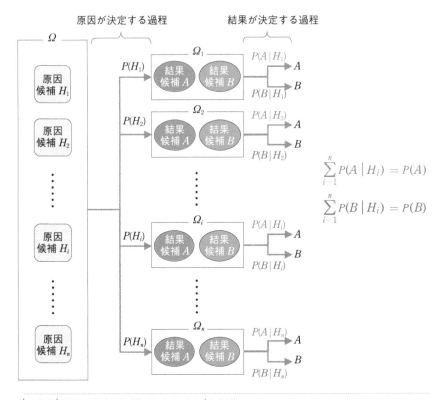

原因が決定する過程　　　結果が決定する過程

$$\sum_{i=1}^{n} P(A \mid H_i) = P(A)$$

$$\sum_{i=1}^{n} P(B \mid H_i) = P(B)$$

| 図9.3 | **原因の事象がn個の場合のベイズの定理**

図9.1は原因の候補が2つしかなかったが、その数をn個に一般化した。結果Aが観測されたときに、原因が候補H_iである確率$P(H_i|A)$は式［9.8］で求められる

$P(H_i|A)$です。これを、①$H_1 \sim H_n$の中でH_iが起きる確率$P(H_i)$と②H_iが起きた結果としてAとなる確率$P(A|H_i)$で表します。

　式［9.7］の右辺の分子は、注目している原因（H_i）について①と②の2つの確率を掛けたものになっています。また、分母はすべての原因（$H_1 \sim H_n$）について①と②を掛け、それらを足し合わせたものになっています。すると、

$$P(H_i \mid A) = \frac{P(H_i)P(A \mid H_i)}{P(H_1)P(A \mid H_1) + P(H_2)P(A \mid H_2) + \cdots + P(H_n)P(A \mid H_n)}$$

$$= \frac{P(H_i)P(A \mid H_i)}{\sum_{i=1}^{n} P(H_i)P(A \mid H_i)} \tag{9.8}$$

と表せます。

式 [9.7] や [9.8] で表される、「結果 A が観測されたとき、それがある原因 H_i で生じた確率」を求める定理を**ベイズの定理**と呼びます。ベイズとは、この定理を証明した18世紀のイギリスの数学者（牧師・哲学者でもあったそうです）であるトーマス・ベイズの名前です。ベイズの定理の考え方は、たとえば医療における検査結果からの診断予測や、インターネットショッピングにおける購買行動からの顧客のプロファイル予測といったところで使われています。

ここで、2つの練習問題に挑戦してみてください。

練習問題 9.4

　ある工場で不良品が製造されてしまう事象を H_1 とし、正常な良品が製造される事象を H_2 とします。この工場では、1%の割合で不良品が製造されてしまうことがわかっています。また、出荷前に不良品かどうかを検査する装置があり、検査結果は「不良」(不良品であると判定する事象〈A とします〉) または「良」(不良品ではないと判定する事象〈A^c とします〉) の2通りです。この装置による検査は残念ながら誤った結果を出してしまうこともありますが、95%が正しく判定できていることがわかっています。ここで、「正しく判定する」というのは、不良品を「不良」、良品を「良」と判定することを指します。

① 　$P(H_1)$ と $P(H_2)$ を求めてください。

② 　不良品に対して正しく「不良」と判定する確率 $P(A|H_1)$ と、良品を正しく「良」と判定する確率 $P(A^c|H_2)$ を求めてください。

③ 　ランダムに選んだ製品1個の検査結果が「不良」であったとき、それが不良品である確率 $P(H_1|A)$ を求めてください。

練習問題 9.5

　ある会社では、各社員に固有のメールアドレスが与えられます。どのアドレスにも、毎日多くのメールが届いています。じつは、各アドレスに届く全メールのうち58%が迷惑メールであることがわかっています。ただし、迷惑メールのほとんどはメールソフトが自動的にフィルタリングしているため、社員は目にしません。フィルタリングにより迷惑メールフォルダに入れられたメールと、受信フォルダに入ったメールについて、以下のことがわかりました。

・迷惑メールフォルダのメールを調べたところ、すべてが迷惑メールでした。また、このフォルダ中のメールに「入金」という言葉とURL[4] がふくまれる確率は0.12（12%）でした。
・受信フォルダのメールを調べたところ、迷惑メールはありませんでした。また、受信フォルダ中のメールに「入金」という言葉とURLがふくまれる確率は0.02（2%）でした。

　では、メールに「入金」という言葉とURLがふくまれていたとき、そのメールが迷惑メールである確率はどのくらいでしょうか？

---

4)　URL=Uniform Resource Locatorの略。Webページへのリンクと考えてください。

COLUMN 9

音声認識技術とベイズの定理

　最近のスマートフォンやAIスピーカーは、ユーザーの音声に反応して動作するものがあります。ユーザーは機器に触れることなく、音声による命令が可能になりつつあるのです。これらの機器に内蔵されたアプリケーションでは、人の音声が文字に変換されています。このような技術を音声認識技術と呼びます。

　人間は言葉を思い浮かべ、それを声という形で発しています。声は空気の振動（音波）として空気中を伝わります。機器はこの音波を観測します。ここで、思い浮かべた言葉を原因、観測した音波を結果とみなすと、音波（結果）からもとの言葉（原因）を推定する音声認識技術は、ベイズの定理と似たようなことをしていることがわかります。実際、音声認識技術は、マイクで拾った音の波形から、どの文字（たとえば"あ"なのか"か"なのか）である確率が高いのか、ベイズの定理をはじめとするさまざまな計算により求めています。

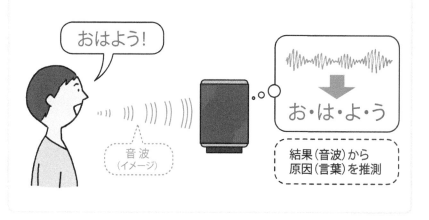

おはよう！

音波
（イメージ）

お・は・よ・う

結果（音波）から
原因（言葉）を推測

An Introduction to
Statistics for Business and Commerce

| Part III | 観測されたデータの
背景を知る |

Part IIIでは、データが観測されるその背景について考えます。事象が発生する状況を確率分布と呼ばれる式として表現し、観測されたデータがどの程度の確からしさで発生したのかを評価するのが目標です。

| Chapter 10 |

確率変数、確率分布、期待値

観測したデータを集計しヒストグラムで表すと、山のような形になることが多いですが、その形状は「分布」と呼ばれます。分布は扱う事象によって異なる形になります。本章では、分布を定式化するうえで必要となる、確率変数や確率分布といった概念について学びましょう。

10.1 ◆ 確率変数

例題 10.1

6面のサイコロを1回振ったときに出る目の値をXとします。Xのとりうる範囲はどうなるでしょうか？ また、Xが各値をとる確率はどのくらいでしょうか？

立方体の6面サイコロの各面には、通常1から6の整数が目として割り当てられています。ですので、サイコロを1回振ったときに出る目の値Xのとりうる範囲は1から6までの整数で、$X = \{1, 2, 3, 4, 5, 6\}$と表されます。また、立方体の縦・横・高さが均等であり、内部が均一に詰まっているとすれば、サイコロの各目が出る確率は等しいと考えられます。よって、それぞれの目が出る確率は$\frac{1}{6}$です。

試行と確率変数

結果が事前にはわからず偶然で決まるとき、結果を出す動作（または手順）のことを**試行**と呼びます。また、とりうる値の範囲はわかっているもの

| 図10.1 | サイコロを1回振るという試行

の、試行の結果を見るまで値が決まらない変数を**確率変数**と呼びます。そして、試行の結果として得られる値を**観測値**（**実現値**）と呼びます。

例題10.1のXは、サイコロを1回振るという試行の結果を表す確率変数です。図10.1のように、どの目が出るかを前もって知ることはできません。そして、試行の結果、たとえば1の目が出ると、それが観測値となります。

2種類の確率変数——離散型と連続型

確率変数は離散型と連続型の2種類に分けられます。

離散型確率変数の代表例はサイコロの目です。前項で見たとおり、サイコロの目は確率変数の一種でした。その値は1, 2, 3, 4, 5, 6のいずれかで、これらの間の値（たとえば1.1や5.432など）をとることはありえません。サイコロのいずれかの面に「1.1」や「5.432」などの値を割り当ててもかまわないものの、とりうる値のバリエーションは面の数で決まります。とりうる値が有限個に絞られる確率変数が離散型確率変数である、と言うこともできます。

他方、**連続型確率変数**はとりうる値が無限に存在する確率変数です。たとえば、定食屋で提供されるご飯の量について考えてみましょう。最近は、ご飯の量を公平に提供するため、指定した重さの白米を量りとる機械があるそうです。しかし、この機械で「200グラム」を指定してご飯を盛っても、毎回ピタリと200グラムになるわけではありません。大きく離れた重さになる

ことはないにしても、200グラムをすこし超えたり、下回ったりします。精密に重さを量ることができれば、盛られたご飯の重さのばらつきを知ることができるでしょう。このばらつきはランダムで、1グラム刻み、0.5グラム刻みといった規則は存在しません。したがって、この機械が盛るご飯の重さは、ある範囲の中でどんな値もとる可能性があり、連続型確率変数とみなせます。

練習問題 10.1

　表・裏の区別があるコインを2回投げます。表が出る回数をXとしたとき、Xは確率変数です。Xが取りうる値をすべて挙げ、試行の結果、それぞれの値となる確率を求めてください。

10.2 ◆ 確率分布

例題 10.2

　練習問題10.1で扱った確率変数Xについて、Xがとりうる値を横軸、Xの各値における確率を縦軸にとったグラフを描いてください。

　練習問題10.1で考えた確率変数Xの場合、$P(X=0)=0.25$, $P(X=1)=0.5$, $P(X=2)=0.25$です。Xを横軸にとり、$P(X)$を縦軸にとってグラフを描けば、図10.2右のようになります。これで例題10.2の答えは得られましたが、このグラフについてもうすこし考えてみましょう。

2種類の確率分布

　確率変数は、そのとりうる値の範囲はわかっていても、試行の結果を観測するまでは実際にどの値をとるかわかりません。しかし、各値をとる確率がどのくらいなのかがわかると、確率変数Xがとる値とその確率$P(X)$を対応させることができます。この対応を表すグラフを**確率分布**と呼びます。図10.2で描いたグラフはまさに確率分布です。

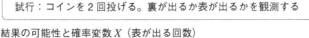

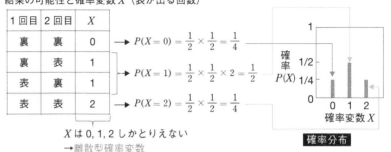

X は 0, 1, 2 しかとりえない
→離散型確率変数

図 10.2 | 例題 10.2 の状況

コインを 2 回投げるという試行で表が出る回数を確率変数 X と考え、X の値ごとに確率を計算

　図10.2のように、離散型確率変数では横軸を X、縦軸を $P(X)$ として確率変数と確率の関係を確率分布として表します。このような確率分布を**離散分布**と呼びます。離散分布では、確率変数の各値に対応する確率が棒グラフとして表されます。また、各確率変数の確率をすべて足すと（すべての棒グラフの高さを合計すると）、全確率すなわち1となります。

　では、X が連続型確率変数である場合の確率分布はどうなるでしょうか。いきなり連続型確率変数を扱うのはむずかしいので、段階的に進みましょう。

　たとえば、日本人の男子大学生の身長はある範囲に収まります（必ず最小値と最大値があります）が、その中でどのような値もとりうるので、連続型確率変数とみなせます（身長測定の精度の制約があるので、厳密には離散型ですが、実用的には連続型です）。100人分のデータがあったとして、階級幅が5 cmのヒストグラムを描けば図10.3(a)のようになるはずです（必ずしも同じ分布にはなりませんが、同様な形の分布となります）。また、データの数を1000人分に増やし、階級の幅をより細かくすれば、図10.3(b)のようなヒストグラムを描けるはずです。ヒストグラムは確率変数を階級で分けている（離散化している）ため、離散分布とみなせます。しかし、データを増やして階級幅を狭めるという作業を何度もくり返すと、やがて階級幅が消え、

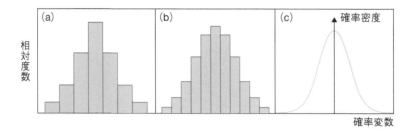

図10.3 | 離散分布と連続分布

(a) 日本人の男子大学生の身長は連続型確率変数とみなせる。100人分の身長データをある幅の階級で分けてヒストグラム（離散分布）をつくれば、このような形状になる

(b) 1000人分の身長のヒストグラム（離散分布）を、(a)よりも小さな階級幅でつくれば、このような形状になる

(c) データを増やし、階級幅を小さくするという操作をくり返すと、やがて階級幅が消えて曲線になる

図10.3(c)のような曲線が得られます。この曲線が、X が連続型確率変数であるときの確率分布です。曲線で表される確率分布を**連続分布**と呼びます。

確率密度と確率密度関数

　連続分布は多くの場合、滑らかな曲線となります。連続分布を図示するとき、横軸の値は離散分布と同様に確率変数ですが、縦軸の値には注意が必要です。離散分布の場合は確率（ヒストグラムの相対度数に相当）でしたが、連続分布の縦軸は**確率密度**です。連続型確率変数では横軸を X、縦軸を確率密度として確率変数と確率の関係を表します。また、連続分布がなす曲線を**確率密度関数**と呼びます。以下で詳しく説明します。

　確率密度は、ヒストグラムの階級幅を極限まで狭くしたときの高さに相当しますが、確率ではありません。したがって、連続分布を扱う際には、確率変数の特定の値に対してピンポイントに確率を求めることはできません（「確率変数 X が k となる確率 $P(X=k)$」を定義することはできない、ということです）。では、連続分布において確率はどのように定義されるかと言えば、確率変数の範囲を指定し、その範囲に収まる確率を求めるのです。さらに言うと、連続分布において、確率は曲線と横軸で囲まれた範囲の面積として表されます。たとえば、確率変数 X が x_1 以上 x_2 以下となる確率 $P(x_1 \leq X \leq x_2)$ は、図10.4の色つき部分の面積に等しくなります。

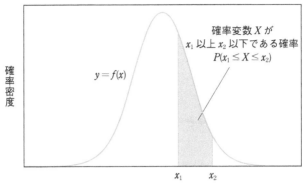

| 図10.4 | **連続型確率変数についての確率**

連続分布を表す曲線と横軸に挟まれた領域の面積が確率を表す

　確率密度関数を$f(x)$とすると、$P(x_1 \leq X \leq x_2)$は積分記号を使って次式で表すことができます。

$$P(x_1 \leq X \leq x_2) = \int_{x_1}^{x_2} f(x)\,dx$$

　本書では、この式を用いて確率を計算することはありません。確率密度関数$f(x)$と横軸で囲まれる領域の面積を求める記法だと理解すれば十分です（COLUMN 10も参照）。なお、確率密度関数の曲線全体と横軸で囲まれた部分が全確率を表すので、その面積は1になります。つまり、

$$P(-\infty < X < \infty) \doteqdot \int_{-\infty}^{\infty} f(x)\,dx = 1$$

です。連続分布では、曲線と横軸で囲まれる面積という間接的な形で確率変数と確率の間の関係を示しています。

練習問題 10.2

　サイコロを2回投げたとき、出た目の数の和を確率変数Xとします。Xの確率分布を描いてください。

COLUMN 10

積分と積分記号

連続分布の確率を表す式として紹介した $\int_{x_1}^{x_2} f(x)\, dx$ は、積分と呼ばれる計算を意味します。積分計算をイメージ重視で説明してみましょう。

積分とは、面積を求める計算です。曲線で囲まれた領域をたくさんの細長い長方形（短冊）の集まりとみなし、すべての短冊の面積を合計することで領域全体の面積を求めるのです（図10.5参照）。個々の短冊の面積は縦 $f(x)$ と幅 dx の掛け算で求められるので、x_1 から x_2 の範囲で短冊の面積の合計が求まります。このとき、数学的テクニックを用いて dx を 0 に限りなく近づけると、短冊の面積の合計は $f(x)$ と x 軸で囲まれた部分の面積と一致します。

積分の概念が考案されたのは、17世紀後半 —— 万有引力の法則で有名なニュートンとドイツの哲学者・数学者のライプニッツがそれぞれ提案しました。どちらが先に考えたのか、その先取性について当人たちは気にしなかったようです。ところが、周囲がそれを許さず、陣営をつくりお互いに独創性を主張し、国を挙げての論争に発展しました。

積分の式に用いる記号 $\int$ は積分記号（インテグラル）と呼びます。これはアルファベットの S を上下に伸ばしたものです。インテグラルと dx を用いた積分の表し方はライプニッツが考えました。積分記号の普及という観点で考えると、ニュートンとライプニッツの間の論争はライプニッツに軍配が上がったと言えるでしょう。

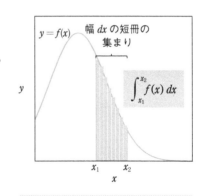

図10.5 | 積分のイメージ

10.3 ◆ 期待値

例題 10.3

　表・裏の区別があるコインを2回投げる試行を考えます。表が出る回数を確率変数Xとします。この試行を何度もくり返したとき、表が出る回数は、平均するとどのくらいになるでしょうか？

　この確率変数Xは例題10.2で扱ったものと同じです。例題10.2で示した確率分布から、Xの値は0、1、2のいずれかであるとわかります。ここで、試行を何度もくり返し、毎回Xを観測・記録します。そして、その平均を計算する（Xの合計を試行回数で割る）と<u>1回</u>になると予想できます。これは直感的な解答ですので、以下でより詳しく説明します。

期待値とは

　すでに述べたとおり、確率変数を決める試行の際、その実現値を事前に知ることはできません。しかし、確率変数がとりうる値と各値をとる確率とがわかっていれば、その変数がとる値の平均を計算することができます。そのような確率変数の平均を**期待値**と呼びます。確率変数Xの期待値は$E(X)$と表します。本節では、離散型確率変数の期待値を考えましょう。

　確率変数Xが$\{x_1, x_2, x_3, x_4, \cdots, x_n\}$のn個の値のいずれかをとるとし、それぞれの値になる確率が$\{p_1, p_2, p_3, p_4, \cdots, p_n\}$であるとします。このとき、期待値は次式で表されます。

期待値：

$$E(X) = x_1 p_1 + x_2 p_2 + \cdots + x_x p_n = \sum_{i=1}^{n} x_i p_i \qquad [10.1]$$

　この例題では、確率変数Xのとる値が$\{0, 1, 2\}$で、それぞれの値になる確率が$\{0.25, 0.5, 0.25\}$です。式［10.1］より、Xの期待値$E(X)$は

$$E(X) = 0 \times 0.25 + 1 \times 0.5 + 2 \times 0.25 = 0 + 0.5 + 0.5 = \underline{1}$$

となります。

期待値の性質

期待値は以下の性質をもちます。

期待値の性質:

$$E(aX + b) = aE(X) + b \qquad \text{[10.2]}$$

$$E(X + Y) = E(X) + E(Y) \qquad \text{[10.3]}$$

式［10.2］は、確率変数Xに定数を掛ける・足すといった操作をした場合、その期待値はもとのXの期待値$E(X)$に同様の変換をしたものになる、ということを示しています。

式［10.3］の性質は、2つの確率変数X、Yがあったとき、それらの和の期待値はそれぞれの期待値の和と等しい、ということを示しています。これらの性質の証明は省きますが、覚えておくととても便利です。

練習問題 10.3

宝くじA、Bがあり、いずれも当たりくじの賞金と本数が表10.1のように明らかにされています。どちらも1万枚限定で売り出されます。もし、1枚だけ買うのであれば、AとBのどちらのくじを買うべきか、賞金の期待値を比較して検討してみましょう。

| 表10.1 | 宝くじの当たりくじの賞金と数

宝くじ A	賞金 (円)	本数 (本)		宝くじ B	賞金 (円)	本数 (本)
1等	10000	1	1等	5000	2
2等	5000	2	2等	2000	4
3等	100	7	3等	500	4

10.4 ◆ 分散

例題 10.4

サイコロを1回投げたときに出る目の値を Y とします。

① Y の期待値を求めてください。

② 第3章で示した分散の定義、また、期待値の計算式［10.1］から Y の分散はどのように計算されるでしょうか？

①は前節の復習です。Y はサイコロの目の値ですから、確率変数とみなせます。確率変数 Y がとりうる値は $Y=\{1, 2, 3, 4, 5, 6\}$ で、各値が出る確率は $\frac{1}{6}$ です。よって、式［10.1］より期待値は次式のように求められます。

$$E(Y)=1\times\frac{1}{6}+2\times\frac{1}{6}+3\times\frac{1}{6}+4\times\frac{1}{6}+5\times\frac{1}{6}+6\times\frac{1}{6}=21\times\frac{1}{6}=\underline{3.5}$$

確率変数の分散

②では、Chapter 3で学んだ「分散」について問われています。簡単に復習すると、分散はデータのばらつきの指標で、「偏差（＝各データと平均との差）の2乗の平均」でした（式［3.2］参照）。いま考えているのはデータではなく確率変数なので、分散の表現がすこし変わります。いったん例題から離れて、より一般的な状況を考えてみましょう。

確率変数 X がとりうる値を $\{x_1, x_2, x_3, x_4, \cdots, x_n\}$ とし、それぞれの値になる確率を $\{p_1, p_2, p_3, p_4, \cdots, p_n\}$ とします。前節で、確率変数の平均として期待値を定義しました（式［10.1］）。つい先ほど復習したとおり、分散はデータと平均との差である偏差の2乗について平均を求めたものです。そこで、データの代わりに確率変数の各値を、データの平均の代わりに確率変数の期待値を使うことで、分散を求めることにしましょう。すると、確率変数の分散 $V(X)$ は次式で表されます。

確率変数の分散：

$$V(X) = (x_1 - E(X))^2 p_1 + (x_2 - E(X))^2 p_2 + \cdots + (x_n - E(X))^2 p_n$$
$$= \sum_{i=1}^{n} (x_i - E(X))^2 p_i \qquad\qquad [10.4]$$

式 [10.4] を変形すると

$$V(X) = \sum_{i=1}^{n} (x_i - E(X))^2 p_i = \sum_{i=1}^{n} x_i^2 p_i - 2E(X)\sum_{i=1}^{n} x_i p_i + \{E(X)\}^2 \sum_{i=1}^{n} p_i$$
$$= E(X^2) - 2E(X)E(X) + \{E(X)\}^2 = E(X^2) - \{E(X)\}^2$$

となります。ここで、$E(X) = \mu$ とすると、次のようになります。

$$V(X) = E(X^2) - \{E(X)\}^2 = x_1^2 p_1 + x_2^2 p_2 + x_3^2 p_3 + \cdots + x_n^2 p_n - \mu^2$$

例題10.4に戻りましょう。上の分散の式を使ってYの分散$V(Y)$を考えます。$E(Y) = 3.5$ですから、

$$V(Y) = 1^2 \times \frac{1}{6} + 2^2 \times \frac{1}{6} + \cdots + 6^2 \times \frac{1}{6} - 3.5^2$$
$$= (1 + 4 + 9 + 16 + 25 + 36) \times \frac{1}{6} - \left(\frac{7}{2}\right)^2$$
$$= \frac{91}{6} - \frac{49}{4} = \frac{35}{12} = 2.916\cdots = \underline{2.92}$$

となります。

分散の性質

分散は以下の性質をもちます。

分散の性質：

$$V(aX + b) = a^2 V(X) \qquad\qquad [10.5]$$

確率変数XとYが独立な場合、$V(X+Y) = V(X) + V(Y)$ $\qquad$ [10.6]

式 [10.6] で表される性質は、期待値の性質（式 [10.3]）と同じ形です。ただし分散の場合、XとYが独立、つまりXが起こる事象とYが起こる事象と

がお互いに影響をおよぼさないという条件がつきます。

　式［10.5］の性質は、分散が偏差を2乗したものであるという定義から導くことができます。

練習問題 10.4

　サイコロ1個を2回投げます。出た目の数の和をZとします。いま、Zに10を掛けた数が賞金となるゲームを考えます。その賞金の分散を求めてください。

| Chapter **11** |

代表的な離散分布：二項分布

Chapter 10で、確率分布について説明しました。確率分布にはいくつか典型的なものがあり、統計学ではそれらを扱います。本章では、離散分布の代表的な例として二項分布を取り上げます。

11.1 ◆ 二項分布

例題 **11.1**

サイコロを5回振って、1の目が1回出る確率を求めてください。

サイコロの1の目が出ることを○、1以外の目が出ることを×で示すと、5回分の結果を記号（○か×）の列として表すことができます。5回振って1の目が1回出る事象は、表11.1に示すケースA〜Eの5通りです。

この「5通り」という場合の数は、5つの結果の中から1つを選ぶ事象の場

| 表11.1 | **サイコロを5回振って1の目が1回出る事象**

1の目が出ることを○、1以外の目が出ることを×と表す

	1回目	2回目	3回目	4回目	5回目
ケースA	○	×	×	×	×
ケースB	×	○	×	×	×
ケースC	×	×	○	×	×
ケースD	×	×	×	○	×
ケースE	×	×	×	×	○

合の数、つまり $_5C_1 = 5$ に相当します。

また、A〜Eの各ケースが生じる確率は $\frac{1}{6} \times \frac{5}{6} \times \frac{5}{6} \times \frac{5}{6} \times \frac{5}{6} = \left(\frac{1}{6}\right)^1 \left(\frac{5}{6}\right)^4$

と計算されます。これは、1の目が1回出て、残りの4回では2〜6のいずれか（1以外）の目が出る確率です。

よって、サイコロを5回振って1の目が1回出る確率を P_1 とすると、

$$P_1 = 5 \times \left(\frac{1}{6}\right)^1 \left(\frac{5}{6}\right)^4 = \frac{5 \times 5 \times 5 \times 5 \times 5}{6 \times 6 \times 6 \times 6 \times 6} = \frac{3125}{7776} = 0.4018\cdots$$

$$= \underline{0.402}$$

となります。

二項分布とは

例題11.1の状況を一般化してみましょう。独立な試行で事象Aが起こる確率をpとし、試行をn回くり返したときに事象Aが起こる回数をXとします。Xは0〜nのいずれかの整数をとる離散型確率変数です。このとき、Xがk（$0 \leq k \leq n$）となる確率$P(X = k)$の分布を**二項分布**と呼びます。二項分布は次式で表されます。

二項分布：

$$P(X = k) = \underbrace{_nC_k}_{\substack{\text{事象}A\text{が}k\text{回} \\ \text{起こる場合の数}}} \underbrace{p^k (1 - p)^{n-k}}_{\substack{n\text{回試行のうち、特定の}k\text{回で} \\ \text{事象}A\text{が起こる確率}}} \qquad [11.1]$$

式［11.1］を踏まえて、もう一度例題11.1を考えてみましょう。試行回数はサイコロを振る回数ですので、$n = 5$です。また事象Aは「1の目が出ること」なので、その確率は$p = \frac{1}{6}$となります。1の目が出る回数も1回と制限されていたので、$k = 1$です。これらを用いると、本例題の二項分布は、

$$P(X = 1) = {}_5C_1 \left(\frac{1}{6}\right)^1 \left(1 - \frac{1}{6}\right)^{5-1} = 5 \times \left(\frac{1}{6}\right)^1 \left(\frac{5}{6}\right)^4$$

と表すことができ、例題11.1の解答に出てくる式と一致しました。

練習問題 11.1

以下の確率を求めてください。

① サイコロを5回振って、1の目が2回出る確率

② サイコロを5回振って、1の目が0回出る確率

11.2 ◆ 二項分布の期待値・分散

例題 11.2

サイコロを5回振って、1の目が出る回数を X とします。

① X の確率分布を描いてください。

② $P(X \leq 2)$ を求めてください。

③ $P(X \leq 4)$ を求めてください。

④ X の期待値、分散を求めてください。

① 例題11.1、練習問題11.1と同じ設定ですので、確率変数 X がkとなる確率は二項分布

$$P(X = k) = {}_5C_k \left(\frac{1}{6}\right)^k \left(1 - \frac{1}{6}\right)^{5-k}$$

に従います。確率変数 X がとりうる値は0, 1, 2, …, 5ですから、これらを k に代入することで、確率変数の各値に対する確率が求まります。ここでは、表計算ソフト（Excel）を使って確率を求めてみましょう。なお、Excelには二項分布の確率を直接求めることができる関数（BINOM.DIST）があり、それを使うことも可能ですが、ここでは二項分布の式［11.1］に従って求めます。

図11.1に示す手順で計算をします。手順1〜4をおこなった結果、確率変数の各値における確率 $P(X = k)$ がD列に求まります。確率変数の値 k（A列）と確率 $P(X = k)$（D列）を使って確率分布を描くと、図11.2のようになります。

② ①で得られた確率変数の各値に対する確率 $P(X = k)$ を用いると、

▲	A	B	C	D
1	k	場合の数	1ケースが起こる確率	P(X=k)
2	0	1		
3	1			
4	2			
5	3			
6	4			
7	5			

▲	A	B	C	D
1	k	場合の数	1ケースが起こる確率	P(X=k)
2	0	1	0.401877572	
3	1			
4	2			
5	3			
6	4			
7	5			

手順1：
B2 に =COMBIN(5,A2) を入力する
($_5C_k$ の計算)

手順2：
C2 に =(1/6)^A2*(1-1/6)^(5-A2) を入力する
($\left(\dfrac{1}{6}\right)^k \left(1-\dfrac{1}{6}\right)^{5-k}$ の計算)

▲	A	B	C	D
1	k	場合の数	1ケースが起こる確率	P(X=k)
2	0	1	0.401877572	0.401878
3	1			
4	2			
5	3			
6	4			
7	5			

▲	A	B	C	D
1	k	場合の数	1ケースが起こる確率	P(X=k)
2	0	1	0.401877572	0.401878
3	1	5	0.080375514	0.401878
4	2	10	0.016075103	0.160751
5	3	10	0.003215021	0.03215
6	4	5	0.000643004	0.003215
7	5	1	0.000128601	0.000129
8				

手順3：
D2 に =B2*C2 を入力する
($_5C_k \left(\dfrac{1}{6}\right)^k \left(1-\dfrac{1}{6}\right)^{5-k}$ の計算)

手順4：
B2 の計算式を B3 ～ B7 にコピーし、
C 列と D 列も同様にコピーする
($k=1$～5 についても計算)

| 図11.1 | **Excelによる二項分布の確率の求め方**（続き）

A列にkの値（0～5）を入力し、B列を場合の数、C列を1つのケースが起こる確率、D列を確率$P(X=k)$とする。手順1～4に従って計算していけば、すべてのkについて、$P(X=k)$が得られる

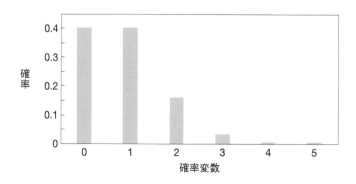

| 図11.2 | **図11.1で得た確率の値にもとづく確率分布**

$$P(X \le 2) = P(X = 0) + P(X = 1) + P(X = 2)$$
$$= 0.40187\cdots + 0.40187\cdots + 0.1607\cdots = 0.9645\cdots = \underline{0.965}$$

となります。

③　余事象の確率の性質と①で得られた $P(X = 5)$ の値を用いると、

$$P(X \le 4) = 1 - P(X = 5) = 1 - 0.0001286\cdots = 0.99987\cdots = \underline{0.9999}$$

となります。

期待値と分散──二項分布の場合

二項分布を表す式［11.1］は、X のとりうる各値 $(0, 1, 2, \cdots, n)$ に対する確率を示しています。したがって、この確率を式［10.1］、［10.4］に代入することで、二項分布の期待値と分散を求めることができます。二項分布の期待値と分散は次のように表されます。この導出に興味のある人は章末の「参考」を読んでみてください。

二項分布の期待値と分散：

$$E(X) = np \tag{11.2}$$

$$V(X) = np(1 - p) \tag{11.3}$$

④　式［11.2］と［11.3］を用いると、

$$X\text{の期待値} = np = 5 \times \frac{1}{6} = \frac{5}{6} = 0.8333\cdots = \underline{0.833},$$

$$X\text{の分散} = np(1 - p) = 5 \times \frac{1}{6} \times \frac{5}{6} = \frac{25}{36} = 0.6944\cdots = \underline{0.694}$$

と求められます。

練習問題 11.2

サイコロを6回振って、1の目が出る回数を X とします。

①　X の確率分布を描いてください。

②　$P(5 \le X)$ を求めてください。

③　$P(2 \leq X)$ を求めてください。

④　X の期待値、分散を求めてください。

 参考 二項分布の期待値と分散の導出

　二項分布は、独立な試行で事象Aが起こる確率をpとし、試行をn回くり返したときに、事象Aが起こる回数Xの分布です。$P(X=k) = {}_nC_k p^k(1-p)^{n-k}$で表されます。

　まず期待値について考えます。いま、i回目の試行で事象Aが起こったときに1、起こらなかったときに0をとる確率変数Z_iを考えます。このZ_iの期待値は $E(Z_i)=1\times p+0\times(1-p)=p$ であり、また、$X=Z_1+Z_2+\cdots+Z_n$となります。Chapter 10の式［10.3］で示した期待値の性質を用いると、

$$E(X)=E(Z_1+Z_2+\cdots+Z_n)=E(Z_1)+E(Z_2)+\cdots+E(Z_n)=p+p+\cdots+p$$
$$=np$$

となり、式［11.2］が導出されました。

　次に分散について考えます。上で述べた確率変数Z_iについて、式［10.4］を展開した結果を用いて分散を求めると、

$$V(Z_i)=E(Z_i^2)-\{E(Z_i)\}^2=1^2\times p+0^2\times(1-p)-p^2=p-p^2=p(1-p)$$

となります。$V(Z_i)$はiによらず $p(1-p)$ となり等しいので、式［10.6］で示した分散の性質を用いると、

$$\begin{aligned}
V(X) &= V(Z_1+Z_2+\cdots+Z_n) \\
&= V(Z_1)+V(Z_2)+\cdots+V(Z_n) \\
&= p(1-p)+p(1-p)+\cdots+p(1-p) \\
&= np(1-p)
\end{aligned}$$

となり、式［11.3］が導出されました。

COLUMN 11

コインの表裏の決め方

　本章では例題でサイコロを取り上げましたが、確率の例題としてコインも数多く登場します。コインを投げて表が出るか・裏が出るかを事象として考えますが、コインの表・裏とは何を指すのでしょうか？

　日本の貨幣は「年号が書かれているほうを裏とする」と決まっているそうです。つまり平等院鳳凰堂（10円玉）などの図柄があるほうが表です。一方、海外では「発行年と主だったデザインの施されている面が表」とするのが一般的です。ただし、メインのデザインと発行年が別の面に配されているものや、発行年が入っていない貨幣もあります。

　なお、表・裏の定義以外にも違いがあります。たとえば、日本の貨幣は、上下を変えずに横に1回転させても表と裏で上下の向きは変わりません（図11.3 (a)）。一方、アメリカのコインは同じように裏返すと、上下が逆さ（図11.3 (b)）になります。コインの裏返し方（横方向、上下方向）に文化的な違いがあるのかもしれません。

　コイン1つをとっても、国による違いが大きいことがわかりますね。

裏返すと……　　　　　　　　　裏返すと……

(a) 1円玉の表（左）と裏（右）　　(b) 1セント硬貨の表（左）と裏（右）

| 図11.3 | 日米の貨幣のちがい

| Chapter 12 |

代表的な連続分布①：正規分布

Chapter 10で確率分布について学び、Chapter 11で代表的な離散分布である二項分布について考えました。連続分布にもいくつもの種類があります。本章では、もっとも代表的な連続分布である正規分布について学びましょう。

12.1 ◆ 正規分布

例題 12.1

極小の部品をつくっているある工場では、製造された部品を100 gずつ袋に詰める機械を導入しています。ある日、その機械の検査のため、袋に詰められた部品の重さを測定し、100 gからの誤差を調べるこ

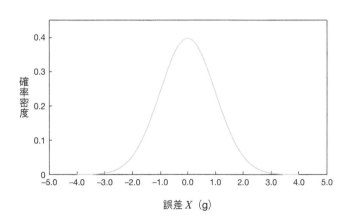

| 図12.1 | ある機械の誤差の確率分布

とにしました。この誤差はランダムに決まるもので、確率変数とみなせます。この工場に機械を納入したメーカーによる誤差の調査結果が説明書に記載されており、それは図12.1のような確率分布でした。平均0（g）を中心に左右対称の分布となっています。

　袋に詰められる部品の重さの（100 gからの）誤差をXとし、$P(X > 0)$の確率を求めてください。

　10.2節で、連続分布に従う確率変数の確率を学びました。簡単におさらいすると、連続分布の確率は確率密度を表す曲線と横軸（X軸）に囲まれた領域の面積で表されるのでした。また、曲線と横軸で囲まれた全範囲（$-\infty < X < \infty$）の面積が全確率（＝1）になることも学びました。

　すると、図12.1の分布が0を中心に左右対象であることから、確率$P(X > 0)$は全確率の半分に相当します。つまり、

$$P(X > 0) = 1 \div 2 = \underline{0.5}$$

です。

正規分布とは

　本例題で扱ったような、機械の動作のばらつきや機器を用いた測定における誤差などは、事前に値を知ることはできません。観測して初めて値がわかるので、確率変数と言えます。また、とりうる値は無限に存在するので、連続型確率変数です。そして、測定誤差に代表されるような連続型確率変数の一部は、図12.1のような連続分布に従うことがわかっており、この連続分布を**正規分布**と呼びます。正規分布は、平均を中心に左右対称な釣鐘型です。

　正規分布はすべて、平均と標準偏差の2つの値で定義されます。平均（期待値）がμ、標準偏差がσである確率変数Xが正規分布に従うとき、その正規分布に相当する確率密度関数は次式で表されます。

正規分布：確率変数Xが平均μ、標準偏差σの正規分布に従うとき、$X = x$における確率密度関数$f(x)$は次式で表される。

$$f(x) = \frac{1}{\sqrt{2\pi\sigma^2}}\, e^{-\frac{(x-\mu)^2}{2\sigma^2}}$$ [12.1]

ただし、$e^{-\frac{(x-\mu)^2}{2\sigma^2}} = \exp\left\{-\frac{(x-\mu)^2}{2\sigma^2}\right\}$ と書くこともある。

式［12.1］で、π は円周率、e は自然対数の底を表します。この e はネイピア数とも呼ばれ、具体的には次の極限値のことです。

$$e = \lim_{n \to \infty}\left(1 + \frac{1}{n}\right)^n \quad (n \text{は自然数。} n = 1, 2, 3, \cdots)$$

この式の右辺の意味を言葉で説明すると、$\left(1 + \dfrac{1}{n}\right)^n$ の n を無限大まで大きくしたときに得られる数値、となります。ためしに、$\left(1 + \dfrac{1}{n}\right)^n$ の n を 1 から順に大きくしていったときの変化をグラフで示すと、図12.2 のようになります。

n が大きくなるに従って（右へいくほど）グラフが上昇していますが、傾きがしだいに水平に近づいています。このグラフから、n を無限に大きくす

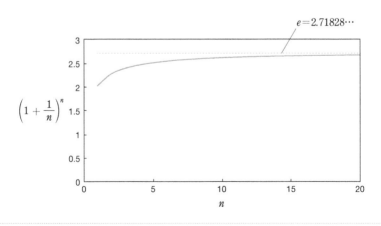

| 図12.2 | $\left(1 + \dfrac{1}{n}\right)^n$ の値

ると $\left(1+\dfrac{1}{n}\right)^{n}$ はある値に収束する（近づくが、その値を超えない）ことが予想されます。この極限値 e は2.71828…と無限に続く無理数（分子・分母がともに整数である分数では表せない数）です。じつは、この e は数学において さまざまな場面に登場します。

平均や標準偏差が変化すると、正規分布はどうなる？

話を正規分布に戻しましょう。式［12.1］で表される平均 μ、標準偏差 σ の正規分布を簡略化して $N(\mu, \sigma^2)$ と書くことがあります。また、とくに平均0、標準偏差1の正規分布 $N(0, 1^2)$ を**標準正規分布**と呼びます。例題12.1で示した確率分布（図12.1）は、じつは標準正規分布でした。

前項で述べたとおり、正規分布は平均と標準偏差で定義されますが、これらの値が変化すると、正規分布を表す確率密度関数の曲線はどのように変わるのでしょうか。それを確かめるため、標準正規分布を基準として、平均か標準偏差の一方の値だけを変化させたときの変化を見てみましょう。

標準偏差が標準正規分布 $N(0, 1^2)$ と等しく（$\sigma = 1$ であり）、平均が μ（$\neq 0$）である正規分布を表す確率密度関数の曲線は標準正規分布の曲線を横軸方向に μ だけ平行移動したものになります。平均 μ が正の値であれば横軸の正の方向、負の値であれば負の方向に標準正規分布が平行移動します（図12.3 (a)）。また、平均が標準正規分布と等しく（$\mu = 0$ であり）、標準偏差 σ が1より大きい正規分布の確率密度関数の曲線は、標準正規分布の曲線に比べて頂点が低くなり、山の峰がなだらかに広がります（図12.3 (b) のオレンジの曲線）。逆に、標準偏差 σ が1より小さい場合、頂点が高くなり山の峰が急峻になります（図12.3 (b) のグレーの曲線）。

確率の求め方——正規分布の面積は計算できる？

10.2節で説明したとおり、連続型確率変数がつくる確率分布から確率を求めるためには、確率変数の範囲を定め、その範囲について確率密度関数の曲線と横軸で挟まれた領域の面積を求めなければなりません。例題12.1では、曲線が平均（＝0）を中心に左右対称であることを利用して、確率変数 X が平均 μ 以上となる確率 $P(X > \mu)$ が0.5であることを示しました（同時に

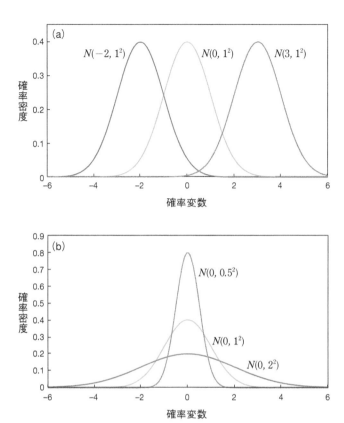

青色の曲線が標準正規分布 $N(0, 1^2)$ を表す

(a) 平均だけを変化させると、曲線の形状は変わらず、横軸方向に平行移動したものになる（オレンジの曲線 $N(-2, 1^2)$ やグレーの曲線 $N(3, 1^2)$）

(b) 標準偏差だけを変化させると、中心（平均）の位置は変わらないが、曲線の形状が変わる。標準偏差が1より大きい場合、オレンジの曲線（$N(0, 2^2)$）のように山が低くなだらかになる。逆に標準偏差が1より小さい場合、グレーの曲線（$N(0, 0.5^2)$）のように山が高く急峻になる

$P(X < \mu) = 0.5$ でもあります）。標準正規分布だけではなく、すべての正規分布の曲線が平均を中心に左右対称なので、$P(X > \mu) = 0.5$ が成り立ちます。

では、X が標準正規分布 $N(0, 1^2)$ に従うとして、μ 以外の任意の値 a について $X > a$ となる確率 $P(X > a)$ はどのように求められるでしょうか。つまり、図12.4 の塗りつぶし部分の面積を求めたいわけです。この面積を求める式は、次のように書けます。

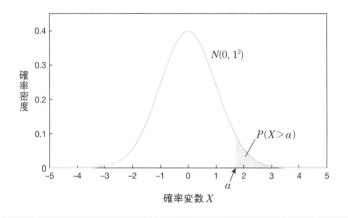

$$P(X > \alpha) = \int_{\alpha}^{\infty} f(x)\, dx = \int_{\alpha}^{\infty} \frac{1}{\sqrt{2\pi\sigma^2}}\, e^{-\frac{(x-\mu)^2}{2\sigma^2}}\, dx$$

　この計算を自力でおこなうのは大変です。しかしながら、標準正規分布 $N(0,1^2)$ について、さまざまな α に対する $P(X>\alpha)$ を求めた標準正規分布表が作成されています。付録1に標準正規分布表を示しました。標準正規分布表には、$P(X>\alpha)$ ではなく $P(X<\alpha)$ の値が記されたものもありますが、使い方は同じです。

　ひとつ具体的な例を使って、標準正規分布表から実際に確率を読み取ってみましょう。付録1の表には、α が0.00から2.09まで0.01刻みで変化した際の $P(X>\alpha)$ が記載されています。確率変数 X が標準正規分布に従うとし、1.24より大きな値をとる確率 $P(X>1.24)$ を確率表から読み取ってみましょう。表の左端の列には、小数第1位までの値（0, 0.1, 0.2, ⋯, 2.0）が並んでおり、いちばん上の行には小数第2位を示す値（0.00, 0.01, 0.02, ⋯, 0.09）が並んでいます。注目している確率変数の値から、見るべき行と列が決まります。いま考えている確率変数は1.24 ＝ 1.2 ＋ 0.04 なので、表で1.2の行と0.04の列が交わる部分を見ましょう（図12.5）。そこに記されている数値が $P(X>1.24)$ に相当します。

　表の値から、標準正規分布に従う確率変数 X について、$P(X>1.24) = 0.107488$

知りたいのは……

$P(X > \boxed{1.24})$

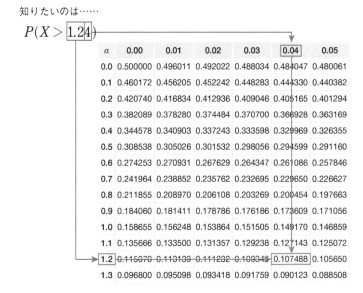

α	0.00	0.01	0.02	0.03	0.04	0.05
0.0	0.500000	0.496011	0.492022	0.488034	0.484047	0.480061
0.1	0.460172	0.456205	0.452242	0.448283	0.444330	0.440382
0.2	0.420740	0.416834	0.412936	0.409046	0.405165	0.401294
0.3	0.382089	0.378280	0.374484	0.370700	0.366928	0.363169
0.4	0.344578	0.340903	0.337243	0.333598	0.329969	0.326355
0.5	0.308538	0.305026	0.301532	0.298056	0.294599	0.291160
0.6	0.274253	0.270931	0.267629	0.264347	0.261086	0.257846
0.7	0.241964	0.238852	0.235762	0.232695	0.229650	0.226627
0.8	0.211855	0.208970	0.206108	0.203269	0.200454	0.197663
0.9	0.184060	0.181411	0.178786	0.176186	0.173609	0.171056
1.0	0.158655	0.156248	0.153864	0.151505	0.149170	0.146859
1.1	0.135666	0.133500	0.131357	0.129238	0.127143	0.125072
1.2	0.115070	0.113139	0.111232	0.109349	0.107488	0.105650
1.3	0.096800	0.095098	0.093418	0.091759	0.090123	0.088508

| 図12.5 | **標準正規分布表の読み方**

標準正規分布に従う X が1.24より大きい確率 $P(X > 1.24)$ を知りたい。いちばん左の列の「1.2」の行と、いちばん上の行の「0.04」の列の交差する欄に書かれた数字が $P(X > 1.24)$ の値

…＝0.107であることがわかりました。正規分布は平均 μ を中心に左右対称ですから、標準正規分布（$\mu = 0$）では $P(X < -1.24)$ も0.107となります。

練習問題 12.1

確率変数 X が標準正規分布 $N(0,1^2)$ に従うとします。付録1の標準正規分布表を使って、以下の確率を求めてください。

① $P(X > 0.52)$

② $P(X \leq 1.5)$

③ $P(1 < X \leq 2)$

12.2 ◆ 任意の正規分布の確率を求める

例題 12.2

　確率変数 Y が $N(12, 2^2)$ の正規分布に従うとき、$Y > 16$ となる確率を求めてください。

　この例題は、これまでの例題と違って、簡単には答えを導けないと思います。じっくりと考えていきましょう。

　前節で紹介した標準正規分布表では、標準正規分布 $N(0, 1^2)$ に従う確率変数についての確率を求めることができます。しかしながら、正規分布の大多数は標準正規分布ではありません。じゃあやっぱりむずかしい計算をして確率を求めなければならないのか、というと、そんなことはありません。本例題のような標準正規分布以外の正規分布についても、標準正規分布表を使って確率を求めることができるのです。

正規分布の変数を変換して、標準正規分布をつくる

　確率変数 X の期待値（平均）$E(X)$ が μ であるとき、X を定数倍（a 倍）し定数（b）を足した変数 $ax + b$ の期待値 $E(ax + b)$ は $a\mu + b$ となることを 10.3 節で説明しました（式［10.2］）。また 10.4 節では、X の分散 $V(X)$ が σ^2 のとき、$ax + b$ の分散 $V(ax + b)$ は $a^2\sigma^2$ となることも説明しました（式［10.5］）。これらの性質を利用すると、任意の正規分布を標準正規分布に変換することができます。

　例題 12.2 で与えられている確率変数 Y は正規分布に従うことがわかっていて、期待値と分散の値がそれぞれ $E(Y) = 12$、$V(Y) = 2^2$ です。ここで、$z = aY + b$（a と b はいずれも定数）と Y を変換して得た確率変数 Z が標準正規分布に従うとします。このとき、$E(Z) = 0$ と $V(Z) = 1^2$ が成り立ちます。式［10.2］と式［10.5］を用いると、

$$E(Z) = E(aY + b) = aE(Y) + b = 12a + b = 0$$
$$V(Z) = V(aY + b) = a^2 V(Y) = 2^2 a^2 = 1^2$$

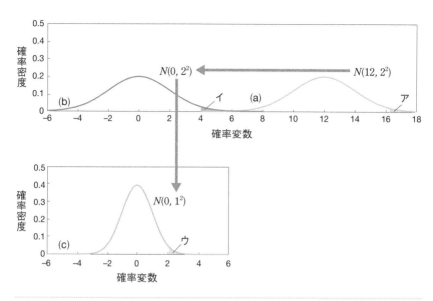

図12.6 任意の正規分布から標準正規分布への変換

(a) 平均が12で標準偏差が2の正規分布
(b) 平均が0で標準偏差が2の正規分布。(a)の正規分布を左へ12だけ平行移動させたもの
(c) 標準正規分布（平均が0で標準偏差が1）。(b)の正規分布の山を高く急峻にしたもの

となり、aとbについての方程式が2つ得られました。これらを連立させて解くことで、$(a, b) = (\frac{1}{2}, -6), (-\frac{1}{2}, 6)$が得られます。これらを$Z = aY + b$の式に代入すると、$Z = \dfrac{Y - 12}{2}$（あるいは$Z = -\dfrac{Y + 12}{2}$）となります。

つまり、ある正規分布に従う確率変数Yについて、$Z = \dfrac{Y - 12}{2}$と**変数変換**をおこなうことで、標準正規分布$N(0, 1^2)$に従う確率変数Zを得られたわけです。このYからZへの変数変換に伴う確率分布の変化を図に表すと、図12.6のようになります。もともとのYの確率密度関数の曲線は図12.6 (a)です。変数変換により平均が12から0になったので、曲線全体が左へ12だけ平行移動しました（(b) は平均0、標準偏差2の正規分布）。さらに、標準偏差が2から1になったので、分布の山の頂点が高くなり、傾斜が急になりました（(c) は平均0、標準偏差1の正規分布）。図12.6 (c) が標準正規分布です。ただし、正規分布はいずれも面積が1です。

異なる正規分布で面積が等しい領域を求める

正規分布を標準正規分布に変換するだけでは、この例題の答えは得られません。問われているのは、$Y > 16$となる確率$P(Y > 16)$ですが、これは図12.6 (a)の塗りつぶした部分（ア）の面積に相当します。私たちが使えるのは標準正規分布表なので、標準正規分布である図12.6 (c) の中に、(a) のアと面積が等しい領域を見つけなければなりません。

もとの正規分布（図12.6 (a)）で、面積を求めたい領域は$Y > 16$の範囲でした。この範囲は、標準正規分布に従う確率変数Z（$= \dfrac{Y - 12}{2}$）ではどのように表されるでしょうか。Zについての範囲として表現できれば、標準正規分布表を使って面積（確率）を求められます。そこで、$Y > 16$という不等式をZの不等式に変換しましょう。$Z = \dfrac{Y - 12}{2}$より$Y = 2Z + 12$ですから、

$$Y = 2Z + 12 > 16$$

となり、これを解くと$Z > 2$となります。つまり、確率変数Yが16より大きくなる確率（図12.6 (a) のアの面積）は、標準正規分布に従う確率変数Zが2より大きい確率（図12.6 (c) のウの面積）に等しいということです。つまり、$Z = \dfrac{Y - 12}{2}$による変換で、図12.6 (a) のアは面積を変えずに (b) のイを経由して (c) のウに変換されたと考えることができます。

あとは、標準正規分布表を読み取るだけです。$P(Z > 2)$は付録1を参照することで、次のように求まります。

$$P(Y > 16) = P\left(\frac{Y - 12}{2} > 2 \right) = P(Z > 2) = 0.022750\cdots = \underline{0.0228}$$

任意の正規分布と標準正規分布の関係

本例題を一般化すると、任意の正規分布と標準正規分布の間に次の関係があることがわかります。

任意の正規分布と標準正規分布の関係：

確率変数Yが正規分布$N(\mu, \sigma^2)$に従うとき、次式で変換した確率変数Zは標準正規分布$N(0, 1^2)$に従います。

$$Z = \frac{Y - \mu}{\sigma} \qquad\qquad [12.2]$$

この性質を用いると、正規分布 $N(\mu, \sigma^2)$ に従う確率変数 Y が t より大きくなる確率 $P(Y>t)$ は、以下の手順で求められます。

手順① $P(Y > t) = P(Y - \mu > t - \mu) = P\left(\dfrac{Y - \mu}{\sigma} > \dfrac{t - \mu}{\sigma}\right)$ と変形する。

手順② $\dfrac{Y - \mu}{\sigma} = Z$ とすると、Z は標準正規分布に従うので、標準正規分布表を用いて $P\left(Z > \dfrac{t - \mu}{\sigma}\right)$ を求める。

この手順に沿って、以下の練習問題に挑戦してみてください。

練習問題 12.2

① $N(6.5, 2^2)$ に従う確率変数 Y について、$P(Y>9)$ を求めてください。

② $N(2, 3^2)$ に従う確率変数 U について、$P(6.5 < U \leq 6.8)$ を求めてください。

COLUMN 12

正規分布にご用心!

　金融・経済の分野で使われる「ブラック・スワン（black swan）」という言葉をご存じでしょうか。ブラックは黒、スワンはハクチョウです。この言葉の由来は、鳥類学者の発見にあるそうです。

　かつて、鳥類学者は「ハクチョウは白い鳥である」と長年特徴づけていました。実際、ヨーロッパやアジアに生息するハクチョウ（の成鳥）はすべて白色でした。しかし、新大陸であるオーストラリア大陸に調査に入った鳥類学者は、そこで「黒いハクチョウ」を発見します。この驚きの発見は、鳥類の分類に多大な影響をおよぼしました。この話をもとに、想定外で、かつ、人間社会に大きな影響を与える事象が

「ブラック・スワン」と呼ばれるようになったのです。

　どのようなことが起こるのか（どんなハクチョウがいるか）はわからないにしても、想定外の事象が起こりうる（白くないハクチョウがいるかもしれない）ことは予測できそうな気がします。また、私たちはこれまで「想定外なこと」に意外と多く接しています。想定外のことが意外と多く起こる理由の1つとして、多くの問題に対して、確率変数が正規分布に従うことを仮定した確率計算がおこなわれていることが挙げられます。正規分布では、確率変数が平均（期待値）から大きく離れた値をとる確率が非常に小さくなります。つまり分布の裾の部分の面積が急激に小さくなるということで、正規分布は「裾の軽い分布」と呼ばれることもあります。そのため、平均から大きく離れた事象を「起こり得ない」として無視してしまいがちなのです。

　社会現象の中には平均（期待値）から離れた事象がかなりの確率で起こるものも多く、「裾の重い分布」に従うと考えたほうが適切なこともあります。そうすれば、「想定外」の出来事に直面して慌てふためくことも減るでしょう。ですが、正規分布には計算上有用な性質が多く、株価変動を予測する計算方法などにも利用されていました。ノーベル経済学賞受賞者が考案した計算手法にも正規分布が用いられ、その手法を用いた投資会社がありました。皮肉にも想定外の事象が起こり、その投資会社は倒産してしまいました。

| Chapter 13 |

代表的な連続分布②：
カイ2乗分布とt分布

前章で、もっとも代表的な連続分布である正規分布について考えました。
本章では、正規分布とは異なる連続分布であるカイ2乗分布とt分布に
ついて解説します。

13.1 ◆ カイ2乗分布①——カイ2乗統計量とは

例題 13.1

2つの袋AとBにそれぞれ数百の玉が入っています。袋Aには赤色
の玉と黒色の玉が4：5の割合で入っていて、袋Bには白色の玉と黄
色の玉と青色の玉が3：4：5の割合で入っています。次の①②に答え
てください。

① 袋Aから36個、袋Bから24個の玉を取り出します。このとき、
取り出されると期待される玉の個数を期待度数と呼び、実際に
取り出して観測される個数を観測度数と呼びます。各袋につい
て、色ごとに玉の期待度数を求めてください。

② 実際に袋Aから取り出された玉は赤色・黒色ともに18個でした。
袋Bから取り出された玉の数は白色4個、黄色9個、青色11個でし
た。観測度数と期待度数とのずれを $\dfrac{(観測度数 - 期待度数)^2}{期待度数}$
で定義します。袋Aと袋Bそれぞれについて、ずれの和を計算
してください。

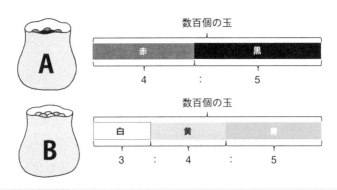

図13.1 | 例題13.1の状況

袋Aには赤色の玉と黒色の玉が4：5、袋Bには白色の玉と黄色の玉と青色の玉が3：4：5の比で入っている

袋A、Bの状況は図13.1のように表されます。

① 袋Aには4：5の割合で赤色と黒色の玉が入っているので、袋から玉を36個取り出した場合、その内訳も赤：黒＝4：5であることが期待されます。よって、袋Aの色ごとの期待度数は赤色の玉$36 \times \dfrac{4}{4+5} = \underline{16}$個、黒色の玉$36 \times \dfrac{5}{4+5} = \underline{20}$個です。

同様に、袋Bから取り出される24個の玉の内訳は、白：黄：青＝3：4：5であることが期待されるので、期待度数は白色の玉$24 \times \dfrac{3}{3+4+5} = \underline{6}$個、黄色の玉$24 \times \dfrac{4}{3+4+5} = \underline{8}$個、青色の玉$24 \times \dfrac{5}{3+4+5} = \underline{10}$個です。

② ①で得られた期待度数と実際に袋から取り出した各色玉の個数（観測度数）は、図13.2のようにまとめられます。

袋Aから取り出された36個の玉のうち、18個が赤色であったことから、期待度数からのずれは、$\dfrac{(18-16)^2}{16} = \dfrac{4}{16} = 0.25$ となります。同様に計算すると、袋AとBから取り出された玉の数の期待度数からのずれは、表13.1のようになります。

よって、それぞれの袋における期待度数からのずれの和は

(a) 袋Aから36個の玉を取り出したとき

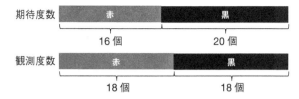

(b) 袋Bから24個の玉を取り出したとき

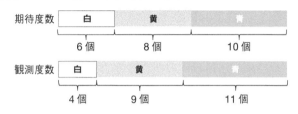

| 図13.2 | 玉を袋Aから36個、袋Bから24個取り出したときの状況

| 表13.1 | 例題13.1の考え方

(a) 袋A

	期待度数	観測度数	期待度数からのずれ
赤色	16	18	0.250
黒色	20	18	0.200
合計	36	36	0.450

(b) 袋B

	期待度数	観測度数	期待度数からのずれ
白色	6	4	0.667
黄色	8	9	0.125
青色	10	11	0.100
合計	24	24	0.892

$$袋A = 0.25 + 0.2 = \underline{0.45}$$
$$袋B = 0.667 + 0.125 + 0.1 = \underline{0.892}$$

です。

カイ2乗統計量とカイ2乗分布

　例題13.1では、袋の中にある玉の色の割合から取り出される玉の色について予測しました。このように、問題の設定から試行の結果（頻度）が予測で

きる場合があります。このとき、期待される頻度を**期待度数**と呼び、試行の結果として観測される頻度を**観測度数**と呼びます。そして例題13.1②で計算した、観測度数の期待度数からのずれ（$= \dfrac{(\text{観測度数} - \text{期待度数})^2}{\text{期待度数}}$）の和を**カイ2乗統計量**と呼びます。このカイはギリシャ文字のことで、χ^2**統計量**と書くこともあります。13.1節の主役はこのカイ2乗統計量です。

カイ2乗統計量の定義：

$$\chi^2 = \frac{(\text{観測度数} - \text{期待度数})^2}{\text{期待度数}} \text{の総和} \qquad [13.1]$$

　例題13.1では、袋から取り出した玉について色ごとの数（観測度数）を調べました。この観測度数は、袋から玉を取り出すという試行によって確率的に決まるので、確率変数です。したがって、カイ2乗統計量もある確率分布に従います。

　カイ2乗統計量の分布は、観測する変数の数（例題13.1であれば玉の色の数）によって変わると予想されます。このカイ2乗統計量の分布として、**カイ2乗分布**と呼ばれる連続分布があり、その確率密度関数が表す曲線は図13.3のようになります。カイ2乗分布の確率密度関数の式は正規分布のもの

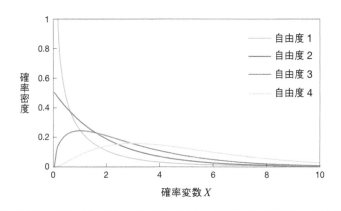

┃図13.3┃カイ2乗分布の例

確率変数（横軸）の値は必ず正。自由度によって形状が異なる

より複雑で、この本の対象範囲を越えるので、省略します。

カイ２乗分布の形状を決める自由度

期待度数からのずれで表されるカイ２乗統計量はカイ２乗分布に従います。この分布に従う確率変数は正の値のみです。また、正規分布の形状は平均と標準偏差の値で決まり、いずれも平均を中心とする釣鐘型であるのに対して、カイ２乗分布は図13.3のように、**自由度**と呼ばれる正の整数によって確率密度関数（曲線の形）が異なります。そこで、自由度とは何かを説明します。

例題13.1の袋Aには赤色と黒色の玉が入っており、たとえば袋から36個を取り出せば、その中にふくまれる赤色の玉の数は0個から36個までの37通りです。一方、赤色の玉の数がわかれば、黒色の玉の数はおのずと決まります（= 36−赤色の玉の数、図13.4 (a)）。袋Aから取り出される各色の玉の数について、確率変数が2つ（赤玉の数と黒玉の数）ありますが、その一方が決まると、もう一方の値も決まるのです。また、袋Bでは、取り出される可能性のある3色のうち2色の玉の数が決まると、残りの色の玉の数が自

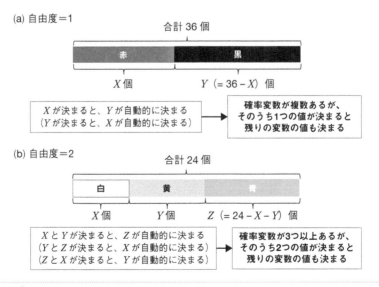

図13.4 **例題13.1の袋AとBにおける自由度**

動的に決まります（図13.4（b））。つまり、袋Aでは自由に動く変数は1つ、袋Bでは自由に動く変数は2つです。

この自由に動ける変数の数が自由度です。カイ2乗統計量はその自由度の値に応じたカイ2乗分布に従うので、例題13.1②で求めた袋AとBについてのカイ2乗統計量は、それぞれ異なるカイ2乗分布に従います。

カイ2乗分布の上側確率

カイ2乗分布の確率を求める際には、正規分布の場合と同様にカイ2乗分布表を用いることができます。付録2にカイ2乗分布表を掲載しました。

標準正規分布表とは違い、カイ2乗分布表の各欄には、自由度ごとに特定の**上側確率**を満たす確率変数の値が示されています。上側確率とは、確率変数Xがある値（α）より大きくなる確率$P(X > \alpha)$です。上側確率$P(X > \alpha)$がcパーセントであるとき、確率変数の値αは**上側cパーセント点**と呼ばれます。付録2のカイ2乗分布表には、上側cパーセント点（$c = 50, 40, 30, 20, 10, 5, 1, 0.5, 0.1$）が記載されていることになります。

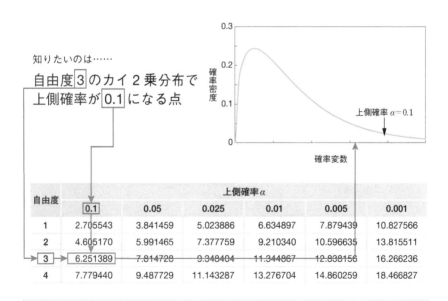

自由度	上側確率 α					
	0.1	0.05	0.025	0.01	0.005	0.001
1	2.705543	3.841459	5.023886	6.634897	7.879439	10.827566
2	4.605170	5.991465	7.377759	9.210340	10.596635	13.815511
3	6.251389	7.814728	9.348404	11.344867	12.838156	16.266236
4	7.779440	9.487729	11.143287	13.276704	14.860259	18.466827

│図13.5│カイ2乗分布表の読み方

自由度ごとに特定の上側確率を満たす確率変数の値が記載されている

実際に表を読んでみましょう。たとえば、自由度3のカイ2乗分布において、上側確率が0.1になる点、つまり上側10パーセント点は表から$6.2513\cdots = 6.25$と求まります（図13.5）。つまり、自由度3のカイ2乗分布では、$P(X > 6.25) = 0.1$であるということです。同時に、$P(0 \leq X \leq 6.25) = 0.9$であることもわかります。

表を読むか、表計算ソフトを使うか

例題13.1の袋AとBについて計算したカイ2乗統計量を考えてみましょう。この例題の状況について、自由度とカイ2乗統計量はすでに計算で求められているので、カイ2乗分布表から上側確率を読み取ることができます。袋Aは自由度1で、カイ2乗統計量は0.45でした。確率表の自由度1の行から、0.45に近い値を探してみると、上側確率0.5の列に「0.4549」が見つかります。このことから、袋Aの状況の上側確率が0.5弱であることがわかります。同じように、自由度2の行から袋Bについてのカイ2乗統計量0.892に近い値を探してみると、上側確率0.5の列に「1.3863」があり、それより小さな（0.892に近い）値は載っていません。つまり、袋Bの状況の上側確率は0.5を大きく超えることがわかります。

付録2の表に記載されている上側確率は特定の値のみなので、正確な上側確率を求めるには、表計算ソフトの関数を使うことになります。ここでは、Excelによる計算方法を説明します。確率変数Xが自由度nのカイ2乗分布に従うとき、上側確率はCHISQ.DIST.RT(Xの値, 自由度)（または、1−CHISQ.DIST(Xの値, 自由度, TRUE)）で計算できます。これを用いると、袋AはCHISQ.DIST.RT(0.45, 1) = $0.5023\cdots = 0.502$、そして袋BはCHISQ.DIST.RT(0.892, 2) = $0.6401\cdots = 0.640$と上側確率が求まります。

練習問題 13.1

赤色の玉と黒色の玉が2：3の割合でたくさん入っている袋があります。この袋から玉を20個取り出すことを考えます。

① 取り出される20個の玉の色の内訳はどのように期待されますか？

② 実際には赤色の玉が11個、黒色の玉が9個でした。この事象のカ

イ2乗統計量を求めてください。

③ 観測された色の内訳は期待したものと違うものになりました。今回観測した以上に期待から解離した事象が生じる確率は、どのくらいになりそうでしょうか。付録2の表から読み取ってください。

13.2 ◆ カイ2乗分布②——分割表を使う考え方

例題 13.2

ある大学で、全学生5800人に対して部活やサークルなどの課外活動をしているかどうかの調査をしました。その結果、課外活動をしている学生の割合が70%（4060人）であることがわかりました。また、全学生の学年の内訳は、1年生1400人、2年生1600人、3年生1300人、4年生1500人です。

① 課外活動をしている学生の割合が学年によって変わらないとしたら、各学年で何人が課外活動をしていると考えられますか？

② 学年ごとに課外活動の有無を調べると、表13.2のようになりました。各値について期待度数からのずれを求め、その和を計算してください。

表13.2 | 学年ごとの課外活動の有無

	1年生	2年生	3年生	4年生	合計
課外活動あり	1000	1150	880	1030	4060
課外活動なし	400	450	420	470	1740
合計	1400	1600	1300	1500	5800

① 70%の学生が課外活動をしていると考えられるので、

1年生：$1400 \times 0.7 = \underline{980人}$

2年生：$1600 \times 0.7 = \underline{1120人}$

表13.3 │ **各学年の課外活動の有無の期待度数**

	1年生	2年生	3年生	4年生	合計
課外活動あり	980	1120	910	1050	4060
課外活動なし	420	480	390	450	1740
合計	1400	1600	1300	1500	5800

$$3年生：1300 \times 0.7 = \underline{910人}$$
$$4年生：1500 \times 0.7 = \underline{1050人}$$

となります。これをもとに期待度数の表を作成すると、表13.3のようになります。

② 期待度数からのずれは、前節で定義したとおり $\dfrac{(観測度数 - 期待度数)^2}{期待度数}$ で計算されます。たとえば、課外活動をしている1年生の人数についてこの値を計算すれば

$$期待度数からのずれ = \frac{(1000 - 980)^2}{980} = \frac{400}{980} = 0.40816\cdots = 0.4082$$

となります。同様に、すべての観測度数について期待度数からのずれを求めると、表13.4のようになります。

期待度数からのずれの和は、$\underline{8.61}$ となります。

表13.4 │ **観測度数の期待度数からのずれとその合計**

	1年生	2年生	3年生	4年生	合計
課外活動あり	0.4082	0.8036	0.9890	0.3810	2.5817
課外活動なし	0.9524	1.8750	2.3077	0.8889	6.0240
合計	1.3605	2.6786	3.2967	1.2698	8.6057

分割表は2つ以上の変数の間の関係を表す

例題13.2における「課外活動の有無」と「学年」といったように、2つ（以上）の変数の間の関係を記録した表を**分割表**と呼びます。表13.5の分割表では行が「課外活動の有無」、列が「学年」を表し[5]、それぞれの観測度

2×4の分割表（表13.2の再掲）

		1年生	2年生	3年生	4年生	合計
行	課外活動あり	1000	1150	880	1030	4060
	課外活動なし	400	450	420	470	1740
	合計	1400	1600	1300	1500	5800

（表上部に「列」の見出しあり）

数と合計を示しています。分割表は「行の数×列の数」という表記で大きさを表します（ただし、合計が入る行・列と項目・変数が入る行・列は除いた数です）。したがって、表13.5の分割表は「2×4の分割表」と呼ばれます。

分割表から自由度を知る

ここで、この分割表において自由に動ける変数の組の数、すなわち自由度を考えます。列方向の合計は各学年の学生数であり、これは定数です。したがって、1つの列について考えると「課外活動あり」の人数が決まれば、「課外活動なし」の人数は自動的に決まります。また、「課外活動あり」の行の合計値は「4060」と決まっています。したがって、4つの学年のうち3つの学年の「課外活動あり」の人数が決まれば、残り1つの学年についてもおのずと決まります。以上より、この2×4の分割表の各値（合計の部分を除く）のうち1×3＝3個の値が決まると、残りの5個の値も決まることがわかります。よって、この分割表の自由度は3です。

これを一般化すると、m（行の数）×n（列の数）の分割表の自由度は、

$$分割表の自由度 =(m-1) \times (n-1) \qquad [13.2]$$

と表せます。

課外活動をしている学生の割合が学年を問わず一定ならば、観測度数の分

---

5) 行と列がそれぞれ横方向・縦方向のどちらの並びを表すのか、混乱することがあるかもしれません。そのときは、「行」という漢字に「＝」、「列」という漢字に「｜｜」がふくまれていることを思い出すとよいでしょう。

割表は期待度数の分割表（表13.3）と一致します。しかし、実際には期待度数とは異なる観測度数が得られました（表13.2または表13.5）。また、この分割表の大きさは2×4ですから、期待度数からのずれの和であるカイ2乗統計量χ^2は、式［13.2］より自由度3のカイ2乗分布に従います。いま、例題13.2の分割表ではカイ2乗統計量は$\chi^2 = 8.61$でした。この分割表よりも期待度数から離れた分割表が得られる確率は上側確率$P(\chi^2 > 8.61)$で表され、その値は付録2の表から0.025から0.05の間に収まることがわかります。また、Excelの関数を用いて上側確率を計算すると、CHISQ.DIST.RT(8.61, 3) = 0.03495… = 0.350 となります。

練習問題 13.2

　ある商品について、成人480人（男性200人、女性280人）に認知度調査をおこなったところ、60%の人が「知っている」と答え、残り40%の人が「知らない」と回答しました。

① 性別にかかわらずこの商品の認知度は同じだとすると、性別・回答ごとの期待度数はどのようになりますか？

② ①の期待度数に対するカイ2乗統計量はどのような分布に従いますか？

③ 性別ごとに認知度調査した結果は表13.6のようになりました。カイ2乗統計量を求めてください。また、この分割表よりも期待度数から離れた分割表が得られる確率はどのくらいになるか、付録2の表から求めてください。

| 表13.6 | ある商品の認知度調査の結果

	男性	女性	合計
知っている	116	172	288
知らない	84	108	192
合計	200	280	480

13.3 ◆ t分布

例題 13.3

正規分布の性質として、確率変数 $X_1, X_2, \cdots, X_n$ がそれぞれ独立で同一の正規分布に従うとき、平均 $\dfrac{X_1 + X_2 + \cdots + X_n}{n}$ も正規分布に従います。

① 確率変数 $X_1, X_2, \cdots, X_n$ が正規分布 $N(\mu, \sigma^2)$ に従うとき、$X_1 \sim X_n$ の平均はどのような分布に従いますか？

② 学生の意識調査の結果、大学1年生が夏休みに自身で貯めた貯金額は期待値10（万円）、分散1の正規分布に従うことがわかりました。いま、5人の大学1年生の貯金額を確率変数 $X_1, X_2, \cdots,$ X_5 とすると、それらの平均はどのような正規分布に従いますか？

③ 5人の貯金額（観測値）が11, 8, 12, 9, 13（万円）だったとします。この平均を求めてください。

④ ③の観測値から求められた平均は、分布から期待される値よりも大きいことがわかります。ランダムに抽出した5人のデータの平均が、③で求めた平均より大きくなる確率を求めてください。

① $X_1, X_2, \cdots, X_n$ のそれぞれの期待値が μ $(= E(X_1) = E(X_2) = \cdots = E(X_n))$ ですから、第10章の式［10.2］と［10.3］より、平均 $\dfrac{X_1 + X_2 + \cdots + X_n}{n}$ の期待値は

$$E\left(\frac{X_1 + X_2 + \cdots + X_n}{n}\right) = \frac{\mu + \mu + \cdots + \mu}{n} = \frac{n\mu}{n} = \mu$$

となります。同様に、各確率変数の分散が σ^2 $(= V(X_1) = V(X_2) = \cdots = V(X_n))$

ですから、式［10.5］と［10.6］より平均 $\dfrac{X_1 + X_2 + \cdots + X_n}{n}$ の分散は

$$V\left(\frac{X_1 + X_2 + \cdots + X_n}{n}\right) = \frac{V(X_1 + X_2 + \cdots + X_n)}{n^2}$$

$$= \frac{1}{n^2}\{V(X_1) + V(X_2) + \cdots + V(X_n)\} = \frac{n\sigma^2}{n^2} = \frac{\sigma^2}{n}$$

となります。よって、平均 $\dfrac{X_1 + X_2 + \cdots + X_n}{n}$ は正規分布 $N\left(\mu, \left(\dfrac{\sigma}{\sqrt{n}}\right)^2\right)$

に従います。

② $X_1, X_2, \cdots, X_5$ が正規分布 $N(10, 1^2)$ に従うので、①の結果から、それら5つの平均は正規分布 $N\left(10, \left(\dfrac{1}{\sqrt{5}}\right)^2\right)$ に従います。

③ 得られた観測値から平均を求めると、$\dfrac{11 + 8 + 12 + 9 + 13}{5} = \dfrac{53}{5}$ $= 10.6$(万円)となります。

④ 確率変数の平均も確率変数です。いま、①の確率変数 $X_1, X_2, \cdots, X_n$ の平均を $\overline{X}$ とすると、①の結果より、$\overline{X}$ は $N\left(\mu, \left(\dfrac{\sigma}{\sqrt{n}}\right)^2\right)$ の正規分布に従います。また、式［12.2］より、

$$Z = \frac{\overline{X} - \mu}{\dfrac{\sigma}{\sqrt{n}}} = \frac{\sqrt{n}\,(\overline{X} - \mu)}{\sigma}$$

が標準正規分布 $N(0, 1^2)$ に従います。この式に②の結果を当てはめると、

$Z = \dfrac{\sqrt{5}\,(\overline{X} - 10)}{1} = \sqrt{5}\,(\overline{X} - 10)$ が標準正規分布 $N(0, 1^2)$ に従うことになります。いま、平均が10.6よりも大きくなる確率つまり $P(Z > \sqrt{5}\,(10.6 - 10)) = P(Z > 1.341\cdots)$ を求めたいので、付録1の標準正規分布表から $P(Z > 1.34) = 0.09012\cdots = 0.0901$ となります。

t 分布とは

この例題13.3から、確率変数 $X_1, X_2, \cdots, X_n$ が独立に同一の正規分布

$N(\mu,\ \sigma^2)$ に従っているとき、確率変数の平均 $\overline{X}$ について、$\dfrac{\sqrt{n}\ (\overline{X}-\mu)}{\sigma}$ が標準正規分布 $N(0,1^2)$ に従うことがわかりました。しかし、確率変数 $X_1, X_2,$ $\cdots, X_n$ は独立に同一の正規分布に従うものの、平均しかわからない（つまり平均が μ、分散が未知の正規分布に従う）ことが多くあります。たとえば、機器で長さや量を測定した際の誤差について考えると、その誤差の平均はゼロで正規分布に従うとみなせますが、その機器を何度も使って誤差を調べない限り、正規分布の真の分散 σ^2 はわかりません。

しかし、観測されたデータについては、Chapter 3 の式 [3.3] を用いて分散を求められます。ここでは、この分散の値を **標本分散** と呼び、s^2 と書きます。この標本分散の平方根、すなわち s が観測データの標準偏差となります。この s を σ の代わりに用いて次の **t統計量** を定義します。

t 統計量の定義：

$$t = \frac{\sqrt{n-1}\ (\overline{X}-\mu)}{s}$$ [13.3]

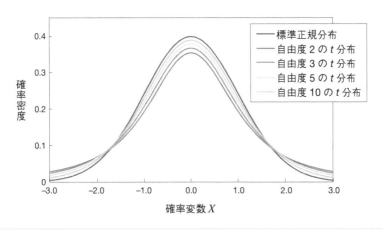

| 図13.6 | t 分布

自由度によって形が異なる。観測データが増えるほど、つまり自由度が大きくなるほど標準正規分布に近づく

t統計量は**t分布**に従います。t分布は原点を中心に左右対称の連続分布であり、その確率密度関数は図13.6と表されます。t統計量の分布の形は、統計量の定義（式［13.3］）の中にふくまれる$n-1$の値（自由度）によって変わります。観測するデータの数nが増えると、t分布は標準正規分布に近づきます。t分布の確率密度関数の式も複雑なものになるので、この本では詳細は省きます。

ここまでをまとめると、「n個の確率変数$X_1, X_2, \cdots, X_n$が独立に、分散が未知の同一の正規分布に従うとき、そのt統計量は自由度$n-1$のt分布に従う」となります。

t分布の確率計算

t分布の確率計算では、カイ2乗分布と同様の形式のt分布表を用いることができます。付録3にt分布表を掲載しました。この表には、自由度ごとに特定の上側確率を満たす確率変数の値が示されています。たとえば、自由度3のt分布において、上側確率が0.05になる点、つまり上側5パーセント点は、

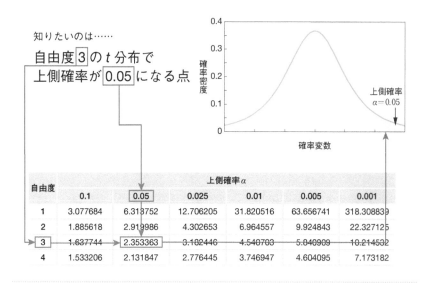

知りたいのは……

自由度 3 の t 分布で
上側確率が 0.05 になる点

自由度	上側確率 α					
	0.1	0.05	0.025	0.01	0.005	0.001
1	3.077684	6.313752	12.706205	31.820516	63.656741	318.308839
2	1.885618	2.919986	4.302653	6.964557	9.924843	22.327125
3	1.637744	2.353363	3.182446	4.540703	5.840909	10.214532
4	1.533206	2.131847	2.776445	3.746947	4.604095	7.173182

| 図13.7 | **t分布の読み方**

自由度ごとに特定の上側確率を満たす確率変数の値が記載されている

図13.7のように表から2.3534（小数第5位を四捨五入した）と求まります。つまり、自由度3のt分布では$P(X > 2.3534) = 0.05$です。

例として、期待値が10の同一の正規分布（分散は不明）に従う5つの確率変数$X_1, X_2, \cdots, X_5$を考えましょう。そして、これらの確率変数の観測値として13, 9, 12, 14, 11が得られたとします。観測値の平均は11.8、標本分散は2.96です。これらを式［13.3］に代入し、t統計量を求めれば

$$t = \frac{\sqrt{5-1}\,(11.8 - 10)}{\sqrt{2.96}} = 2.092\cdots = 2.09$$

となります。このt統計量は自由度4のt分布に従います。付録3のt分布表から、5つの確率変数の平均が11.8よりも大きくなる確率は、0.05から0.1の間の値であることがわかります。

正確な上側確率を求めるには、Excelの関数を使わなければなりません。確率変数Xが自由度nのt分布に従うとき、上側確率はT.DIST.RT(Xの値, 自由度)（または、1−T.DIST(Xの値, 自由度, TRUE)）で計算できます。これを用いると、T.DIST.RT(2.09, 4) = 0.05241… = 0.0524と上側確率が求まります。

練習問題 13.3

ある工場では粉状の材料を100 gずつ袋に詰めていく機械が稼働しています。ただし、詰める材料の重さには毎回誤差が発生し、その重さは期待値100 gの正規分布に従うことがわかっています。また、品質検査のため、袋詰めを終えた中からサンプルとして6袋を抽出し、その中身を取り出して重さを量っています。ある日、サンプル6袋の重さの平均が101.5 g、そして（標本）分散が2.92となりました。

① t統計量を求めてください。

② ①で求めたt統計量はどのような分布に従うでしょうか？

③ サンプル6袋から取り出した中身の重さの平均が101.5 gより大きくなる確率はだいたいどのくらいになるか、付録3のt分布表から求めてください。

An Introduction to
Statistics for **Business** and **Commerce**

Part IV | データの背後にある
確率分布を推測する

Part III では、ある事象が発生する構造を確率分布として表現しました。
Part IV では、観測されたデータからその背後にある確率分布を推測す
る方法や、確率分布をもとに設定した仮説を評価する方法を学びます。

標本調査と標本からの推定

Part Ⅲでは、確率分布の形は期待値や分散などのパラメータによって
決まることを説明しました。本章では、観測されたデータからそれらの
パラメータを推定する方法を学びます。

14.1 ◆ 標本調査とは

例題 14.1

　以下に示すのは、選挙結果の報道に関する説明文です。空欄①〜④
に入る数字や語句を選択肢（あ）〜（え）の中から選んでください。

　選挙では、投票が締め切られた後、開票作業がおこなわれ各候補者
の得票数が集計されます。無効票を除くすべての投票をもとに各候補
者の得票数を集計するので、この場合、全投票者が　①　です。最終
的に選挙管理委員会から発表されるのは、　②　の結果と言えます。
　一方、選挙は候補者の中から決まった数の当選者を選ぶプロセスな
ので、一部の候補者が一定の割合以上の票を得たことを確認できれば、
その目的は達成されます。たとえば候補者2人から1人を選ぶ選挙で
あれば、一方の候補者の得票率が50％より大きいことがわかった時
点で当選とわかります。
　そこで、報道機関などは、投票を済ませた人の中から　③　を抽出
して投票行動（投票先）を聞き、そのデータをもとに各候補者の得票
率を予想しているわけです（いわゆる出口調査）。つまり、開票以前
あるいは投票が締め切られた直後に当選確実といった報道がされるの

は、 ④ の結果をもとにしていることになります。

選択肢：
（あ）標本 （い）母集団 （う）全数調査 （え）標本調査

集団の性質を調べる方法

集団の性質を知りたいと思う場面は多くあります。「集団の性質」といってもさまざまです。日本人の典型的な身長や大学生の1ヵ月の典型的な出費額などが、例として挙げられます。例題14.1で扱った選挙も、有権者という集団の意思（性質）を知ろうとするプロセスと言えます。大きな集団の性質を調べることこそ、統計の目的のひとつです。その方法を学ぶ前に、用語の定義をしておきましょう。

性質を知るための調査の対象となる集団のことを**母集団**と呼びます。母集団の性質を知るために、母集団を構成する人（や物）すべてを調べることを**全数調査**と呼びます。全数調査をおこなうことができれば集団の性質は把握

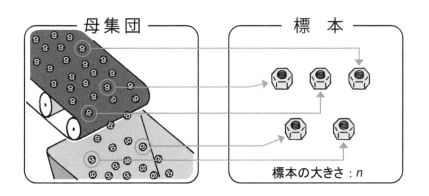

| 図14.1 | 集団の性質を調査する方法

母集団の構成要素すべてを調査して母集団の性質を求めることを、全数調査という。母集団から構成要素の一部（標本）を抽出して調査するのは、標本調査。全数調査を実施するのがむずかしい場合や、全数調査をおこなうことに意味がない場合が多いので、標本調査の結果から母集団の性質を推定したい

可能ですが、母集団の数が非常に大きい場合など全数調査がむずかしいとき、母集団の一部を抽出して調査がおこなわれます。このとき、抽出される母集団の一部を**標本**と呼び、標本を抽出して調査することを**標本調査**と呼びます。どのくらいの標本を抽出するかは目的などによって変わりますが、抽出した標本の数を**標本の大きさ**[6]（sample size）と呼びます。また、母集団・標本、全数調査・標本調査の関係を図示すると図14.1のようになります。

　この定義に沿って例題14.1を考えると、①が（い）、②が（う）、③が（あ）、④が（え）とわかります。

全数調査と標本調査

　全数調査の身近な例として国勢調査があります。国勢調査は原則として5年ごとに、日本国内のすべての人・世帯を対象に実施されます。日本に住んでいる人に関するもっとも重要な統計調査と考えられており、その調査結果は国や地方自治体のさまざまな行政施策に役立てられています。

　一方、例題14.1で扱った選挙における出口調査や商品アンケートなど、ほとんどの調査が標本調査です。全数調査ではなく標本調査をおこなう理由には、以下が挙げられます。

- 母集団全体を調査するコストが高い（全数調査には多大なお金や時間がかかる）
- 母集団全体を調査することに意味がない

　2つ目の理由で全数調査が実施されない例として、製品検査が挙げられます。たとえば、製品を使いはじめてから（経年劣化などにより）正常に動作しなくなるまでの時間（正常稼働時間）の長さを調査する際、全数調査をしてしまうと売り出す製品がなくなってしまいます。販売することを目的に製

---

[6]　「標本数」という言葉もありますが、「標本の大きさ」とはまったく違う意味をもつので注意してください。標本数はnumber of samplesの和訳であり、「標本を得る回数」を意味します。たとえば、母集団から標本を10個選び調査することを20回くり返した場合、標本の大きさ＝10、標本数＝20となります。

品を製造するのですから、全数調査などすべきではありません。したがって、製品検査は標本調査でおこなう必要があります。

標本の抽出方法

標本調査の目的は母集団の性質を知ることです。そのためには、母集団のすべての要素が標本として平等に選ばれるべきですが、注意をしないと母集団の一部の要素だけがほかよりも選ばれやすい状況が生まれます。このような状況を「(標本に) 偏りがある」と呼びます。調査対象となる標本に偏りがないよう母集団から抽出する必要があります。

偏りなく標本を抽出する方法の一つとして、母集団のすべての要素を等確率で選ぶ**単純無作為抽出**と呼ばれる方法があります。これはイメージとしては、母集団の要素に1から順に番号を振ったうえで、そのすべての番号に対応するくじの入ったおみくじを引くようなものです。そして、出た番号の要素を調査対象となる標本として選びます (図14.2)。おみくじで選ぶということは、どの要素も同じ確率で選ばれることを意味しており、**ランダム**に (偏りなく) 標本を抽出することになります。実際には、要素に番号を振ることや、全要素の番号に対応するおみくじを準備することはむずかしい場合が多いので、単純無作為抽出に近いとされているさまざまな方法で調査対象

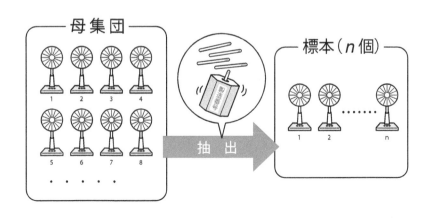

| 図14.2 | 単純無作為抽出のイメージ

（標本）を抽出しています。

　ほとんどの場合、標本は複数選ぶことになりますが、その抽出方法は以下の2つに大別されます。

　復元抽出法：一度抽出された標本を母集団の中に戻す抽出方法
　非復元抽出法：一度抽出された標本を母集団の中に戻さない抽出方法

　復元抽出法では、毎回母集団の全要素から標本を抽出するので、1回目の抽出結果が2回目以降の抽出に影響を与えません。一方、非復元抽出では、すでに抽出された標本は母集団にふくまれないので、1回目の抽出結果が2回目の抽出に影響を与えます。図14.2のおみくじに相当する乱数という手法を用いて、母集団中の要素を選び標本とします。このとき、選ばれた要素をくり返し選ばないかぎり、復元抽出となります。一方、アンケート調査をおこなった際にサンプルとして一部を抜き取って回答を集計することがありますが、これは非復元抽出です。母集団が大きく、母集団に比べて抽出する標本の大きさが小さい場合、非復元抽出法で得られた標本は復元抽出法で得られた標本とほぼ同じ性質をもちます。

練習問題 14.1

　次の文章は、ある缶ビール工場で実施される品質検査についての説明です。空欄①②に入る語句を（あ）〜（え）から、この設定において標本調査をおこなう理由を（理由1）（理由2）から選んでください。

　ある缶ビール工場では、品質検査のため、担当者が内容物を口にふくんで確認します。ベルトコンベア上に流れてくる完成した缶ビールを、□①□抽出し、缶ビールを開けて内容物を調べます。このときの標本の抽出法は□②□となります。

語句の選択肢：
　（あ）作為的に　（い）無作為に　（う）復元抽出法　（え）非復元抽出法

理由の選択肢：
- （理由1）全数調査をおこなうには、検査担当者を多く配置する必要
があるから
- （理由2）全数調査をおこなうと、販売ができなくなるため

14.2 ◆ 大数の法則・中心極限定理

例題 14.2

　水やお茶をセルフサービスで提供する食堂などには、湯呑みやグラスに一定量の飲み物を注ぐことのできる機械（給茶機）が設置されています。一定量といっても給茶機には誤差があり、毎回わずかに違った量が注がれるので、注がれる量は確率変数とみなせます。この確率変数 X は何かしらの確率分布に従い、その期待値が μ であるとします。μ を推定するには、どういった調査をするのが適切でしょうか？

標本平均

　もちろん、給茶機の説明書にはどのくらいの量を入れる仕様になっているかが書いてあるでしょうし、分解して中身を調べればわかるかもしれません。しかし、ここではそれ以外のやり方を考えましょう。

　Chapter 10 で述べたとおり、期待値 μ は確率変数 X の平均 $E(X)$ です。しかし、機械の詳細な仕様がわからない限り、X の確率分布はわかりません。したがって、式［10.1］で μ を求めることはできません。一方、実際に給茶機から湯呑みに注がれたお茶の量であれば、量ることができます。また、その計量をくり返すことで、注がれたお茶の量のデータをたくさん得ることも可能です。そうして得た複数のデータ（値）から平均を求めることができます。この平均は μ に近い値になりそうです。つまり、<u>給茶機からお茶を湯呑みに注いでその量を量るという作業をくり返し、その平均を求めることで期待値 μ を推定する</u>、という方法が考えられます。

これを定式化すると、次のようになります。ある確率変数をn回測定すれば、Xのn個の観測値$X_1, X_2, \cdots, X_n$を得られます。$X_1, X_2, \cdots, X_n$はそれぞれ同一の確率分布に従い、お互いに独立であると考えられます。そこで、

$$\overline{X} = \frac{X_1 + X_2 + \cdots + X_n}{n}$$ を計算し、その値をもって期待値とする（μを推定する）ということです。この標本から求めた平均$\overline{X}$を**標本平均**と呼びます。

標本平均は母集団の期待値なのか

さてしかし、$\overline{X} = \mu$なのでしょうか。標本平均$\overline{X}$を求めることが期待値μを推定するうえで適切なのかを考えましょう。いま、簡単のために、Xが従う分布を正規分布$N(\mu, \sigma^2)$とします。つまり、確率変数$X_1, X_2, \cdots, X_n$はそれぞれ独立に同じ正規分布$N(\mu, \sigma^2)$に従うと考えます。すると、式［10.2］と［10.3］から標本平均の期待値$E(\overline{X})$は

$$E(\overline{X}) = E\left(\frac{X_1 + X_2 + \cdots + X_n}{n}\right) = \frac{1}{n}\{E(X_1) + E(X_2) + \cdots + E(X_n)\}$$
$$= \frac{n\mu}{n} = \mu$$

となります。また、式［10.5］と［10.6］から標本平均$\overline{X}$の分散$V(\overline{X})$は

$$V(\overline{X}) = V\left(\frac{X_1 + X_2 + \cdots + X_n}{n}\right) = \frac{1}{n^2}\{V(X_1) + V(X_2) + \cdots + V(X_n)\}$$
$$= \frac{n\sigma^2}{n^2} = \frac{\sigma^2}{n}$$

です。

ここで、2つの確率変数X, Yがそれぞれ正規分布に従うとき（同じ正規分布でなくてもかまいません）、それらの線形和$aX + bY$もまた正規分布に従うという性質があります。標本平均$\overline{X}$は確率変数$X_1, X_2, \cdots, X_n$の線形和の1つですから、$\overline{X}$もまた正規分布に従うのです。以上から

標本平均の性質：

Xが正規分布$N(\mu, \sigma^2)$に従うとき、そこから抽出したn個の標本について、標本平均$\overline{X}$は$N\left(\mu, \left(\frac{\sigma}{\sqrt{n}}\right)^2\right)$に従う

(a) X の分布（母集団）

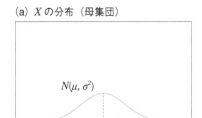

$N(\mu, \sigma^2)$

μ

(b) $\overline{X}$ の分布

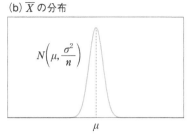

$N\left(\mu, \dfrac{\sigma^2}{n}\right)$

μ

図14.3 | 母集団の分布 (a) と標本平均の分布 (b)

ある確率変数 X が正規分布 $N(\mu, \sigma^2)$ に従うとき、1つの標本の期待値は $N(\mu, \sigma^2)$ に従う (a)。一方、n 個の標本の期待値は $N\left(\mu, \left(\dfrac{s}{\sqrt{n}}\right)^2\right)$ の正規分布に従う (b)。この2つの分布の比較から、1つの標本の値よりも n 個の標本の平均のほうが母平均 μ に近い値をとる可能性が高いことがわかる

と言えます。X と $\overline{X}$ の分布を図示すると、図14.3のようになります。

　給茶機から1回だけ湯飲みにお茶を注いだときの量 X は、図14.3(a)の分布に従うので、期待値 μ から離れた値（$\mu + \alpha$ とします）が観測された可能性があります。この1回の観測値でもって μ を推定することは無理があることは明らかです。一方、n 個の標本から得た平均 $\overline{X}$ は図14.3(b)の分布に従うので、平均 $\overline{X}$ が $\mu + \alpha$ となる可能性は1回の観測値の場合に比べて小さくなります。つまり、平均 $\overline{X}$ は1回の観測値と比べ期待値 μ に近い値である可能性が高いと予想されます。このように、標本平均でもって μ と推定することは妥当で、さらに標本の大きさ n が大きければ大きいほど、標本平均は μ に近い値になる可能性が高くなることがわかります。

標本から母集団の性質を推定することの妥当性

　以上の議論は直感的に納得できると思います。より一般的には、次に示す**大数の法則**として知られています。

大数の法則：

　平均（期待値）が μ、分散が σ^2 である確率分布があり、互いに独立にこの分布に従う確率変数 $X_1, X_2, \cdots, X_n$ がある。このとき、標本平均

$$\overline{X} = \frac{X_1 + X_2 + \cdots + X_n}{n} \text{ は } n \text{ を大きくすると } \mu \text{ に収束する。}$$

　観測された事象が何かしらの確率分布に従っている場合、分布の形を決める平均や分散は未知であることが多いです。つまり母集団の性質は未知なのですが、大数の法則から、十分な大きさの標本を得てその平均を計算すれば、それはほぼ平均の真の値に近いものだと言えます。

　さらに、大数の法則を変形・拡張した、次の**中心極限定理**があります。

中心極限定理:

　互いに独立に同じ確率分布に従う確率変数 $X_1, X_2, \cdots, X_n$ があり、それらの平均（期待値）と分散がそれぞれ、μ と σ^2 であるとき、標本平均

$$\overline{X} = \frac{X_1 + X_2 + \cdots + X_n}{n} \text{ を次式のように変換した } Z \text{ を考える。}$$

$$Z = \frac{\overline{X} - \mu}{\sqrt{\sigma^2/n}} \qquad \qquad [14.3]$$

　n が十分大きいとき、Z は標準正規分布 $N(0, 1^2)$ に従う。

　この性質は、もとの確率分布について平均と分散がわかっていれば成立します。ほとんどの確率分布（本書で扱っている確率分布は、数学的に定義されているもののごく一部にすぎません）について平均と分散は存在します。したがって、ほぼどんな確率分布であっても、式［14.3］の Z として示した形式で標準化した標本平均は標準正規分布に従うと言えます。

　大数の法則と中心極限定理は、標本から母集団を推測することの正当性を示すものと考えられます。どちらも証明可能ですが、数学的な準備がいくつか必要となるため、本書では省略します。

練習問題 14.2

　ある学生がWeb上に動画チャンネルを開設しました。開設した動画チャンネルへの毎日のアクセス数は平均5、分散4の分布に従うと

します。この学生の動画チャンネルについて100日間のアクセス数を標本として抽出して、それらの平均$\overline{X}_{100}$を求めたところ5.3でした。$\overline{X}_{100}$がこの値より大きくなる確率はどのくらいですか？　ただし、標本の大きさ100は十分大きいと考えます。

COLUMN 13

同時に起こった大発見

　現在、たくさんの研究成果が日々論文などの形で公開されています。また、そうした成果は世界中どこからでも参照できるようになっています。研究者がお互いの研究を知ることができ、同時進行で研究を進展させ大きな成果を生み出せるようになっているのです。

　本章で扱った中心極限定理は、Chapter 12で説明した正規分布と同じ時代に登場しましたが、統計学における一大発見でした。まずフランスのド・モアブルが、18世紀に二項分布（Chapter 11参照）において試行回数nを大きくしたときの分布が正規分布となることを導きました。その後、同じフランスのラプラスが19世紀はじめにかけド・モアブルの成果を発展させ、二項分布以外であっても正規分布に収束すること（中心極限定理）を示しました。

　一方、ラプラスとほぼ同時期に、ドイツのガウスが天体観測における測定誤差から正規分布を導き出しています。ラプラスはガウスのその論文を読み、彼の研究成果を初めて見たそうです。ラプラスとガウスは互いに相手の研究についてまったく知らないまま、正規分布を導き出す研究を進めていたのです。

　当時は、現在のように研究成果を頻繁に公開することはできなかったので、世界中の研究者が同じ研究分野を進展させていくことは難しかったはずです。そんな中、統計学の一大発見がほぼ同時期に複数の科学者によってなされたことは、不思議ではないでしょうか？（そのようなことが起こる確率はどのくらいだったのでしょう？）

| Chapter **15** |

区間推定

前章で見たとおり、条件を満たす母集団の性質を標本調査から推定することは妥当です。とはいえ、標本調査の結果が母集団の性質（平均や比率、分散など）に必ず一致するとは言い切れないので、推定にはいくつかの"作法"があります。本章では、Chapter 12と13で説明した連続分布の確率計算や上側確率・下側確率を利用する区間推定を解説します。これは、標本の観測値から母集団の未知の性質（母平均〈期待値〉や母分散）がどのような範囲に収まるかを求めるものです。

15.1 ◆ 区間推定の考え方①
──分散が既知の正規分布の平均を推定する

例題 **15.1**

大学生の睡眠時間Xが平均μ（未知）、分散4の正規分布$N(\mu, 2^2)$に従うとします。Xを100人について観測し、その平均$\overline{X}_{100}$を求めたところ$\overline{X}_{100} = 6.65$（時間）となりました。

① $\overline{X}_{100}$が従う分布を求めてください。

② 標準正規分布$N(0, 1^2)$に従う確率変数Yについて、上側確率・下側確率がそれぞれ2.5%になるYの値を求めてください。

③ ①の分布について上側確率が2.5%になる確率変数の値を、μを用いて表してください。

④ μの真の値が95%の確率で存在すると考えられる範囲を求めてください。

① Chapter 14で述べた標本平均の性質［14.1］から、同じ正規分布に従う確率変数の平均もまた正規分布に従い、その平均はもとの分布と等しく、分散は $\frac{1}{n}$ 倍となります（n は標本の大きさ）。よって、$\overline{X}_{100}$ は正規分布 $N\left(\mu, \left(\frac{2}{10}\right)^2\right)$ に従います。

② **上側確率**は、確率変数がある値以上となる確率のことです。標準正規分布については、付録1の表を見れば、上側確率が2.5%（0.025）になるのは $Y = 1.96$ のときとわかります。なお上側確率が2.5%になる値のことを「上側2.5%点」と呼びます。**下側確率**は逆に、確率変数がある値以下になる確率のことです。標準正規分布は0を中心に左右対象ですから、下側確率が2.5%（0.025）になるのは $Y = -1.96$ のときになります。下側確率が2.5%になる値のことを「下側2.5%点」と呼びます。この結果を図示すると、図15.1のようになります。

③ ①より、$\overline{X}_{100}$ は正規分布 $N\left(\mu, \left(\frac{2}{10}\right)^2\right)$、すなわち平均が μ で、標準偏差が0.2の正規分布です。これは、図15.1に示した標準正規分布を μ だけ平行移動し、分布の山の峰の広がりを0.2倍にして山の頂上を高くした分布

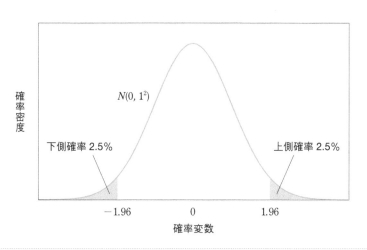

| 図15.1 | 標準正規分布において上側・下側確率が2.5%の領域

です。よって、$\overline{X}_{100}$ が従う正規分布 $N\left(\mu, \left(\dfrac{2}{10}\right)^2\right)$ において、<u>上側2.5%点</u>（上側確率が2.5%〈0.025〉になる確率変数の値）は、$\mu + 1.96 \times 0.2 = \mu + 0.392$ となります。

④ ③と同様に、$\overline{X}_{100}$ が従う正規分布 $N\left(\mu, \left(\dfrac{2}{10}\right)^2\right)$ において下側2.5%点は、$\mu - 1.96 \times 0.2 = \mu - 0.392$ です。図15.1を見ると、標準正規分布に従う確率変数 Y が $-1.96 < Y < 1.96$ となる確率は95%（0.95）です。これから、$\overline{X}_{100}$ が $\mu - 0.392 < \overline{X}_{100} < \mu + 0.392$ となる確率が95%とわかります。

μ は未知ですが、標本を得れば $\overline{X}_{100}$ は求められます。そこで、$\overline{X}_{100}$ についての不等式を μ についての不等式に変形します。

$$\mu - 0.392 < \overline{X}_{100} \quad \to \quad \mu < \overline{X}_{100} + 0.392$$
$$\overline{X}_{100} < \mu + 0.392 \quad \to \quad \overline{X}_{100} - 0.392 < \mu$$
$$\overline{X}_{100} - 0.392 < \mu < \overline{X}_{100} + 0.392$$

このように、標本平均 $\overline{X}_{100}$ の値が求まると、未知である μ が95%の確率で存在する範囲がわかるのです。よって $\overline{X}_{100} = 6.65$ より、<u>学生の睡眠時間の平均（期待値）μ についての真の値が95%の確率で存在する範囲は、6.26（時間）から7.04（時間）の間となります。</u>

区間推定のキモは信頼区間

Chapter 14で大数の法則について説明しました。この法則から、標本が十分大きい場合、標本平均は母平均 μ に近づくことがわかります。いま、観測数の100回が十分大きいとすれば、$\mu = 6.65$ と推定することができます。ただし、真の μ がぴったり6.65であるとは保証されません。

一方、例題15.1で見たとおり、「真の値が○%の確率で存在する範囲」を求めることができます。これは、信頼度が限定された推定と言え、このような推定の方法を**区間推定**と呼びます。また、「真の値が○%の確率で存在する範囲」を**○%信頼区間**と呼びます。例題15.1では、分散の値が既知である正規分布について、その平均の95%信頼区間を求めました。

では例題15.1を少し一般化してみましょう。平均 μ（未知）、分散 σ^2（既知）の正規分布 $N(\mu, \sigma^2)$ に従う確率変数 X があるとします。大きさの標本

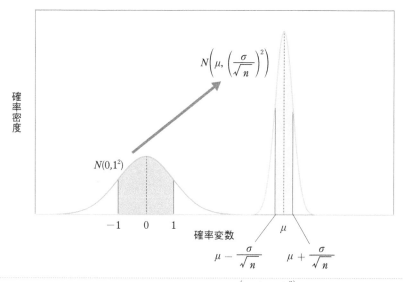

図15.2 | **標準正規分布 $N(0, 1^2)$ と一般的な正規分布 $N\left(\mu, \left(\dfrac{\sigma}{\sqrt{n}}\right)^2\right)$**

の平均 $\overline{X}$ から、μ についての95%信頼区間を求めます。例題15.1①の結果から、$\overline{X}$ は正規分布 $N\left(\mu, \left(\dfrac{\sigma}{\sqrt{n}}\right)^2\right)$ に従います。この分布と標準正規分布を図15.2で比較しましょう。正規分布 $N\left(\mu, \left(\dfrac{\sigma}{\sqrt{n}}\right)^2\right)$ は標準正規分布を横方向に μ だけ平行移動し、分布の山の峰の広がりが $\dfrac{\sigma}{\sqrt{n}}$ 倍になったものです。

いま、確率変数 Y が標準正規分布に従うとすると、例題15.1②③で説明したように、$-1.96 < Y < 1.96$ となる確率は95%です。このことから、$\overline{X}$ が

$$\mu - 1.96 \times \frac{\sigma}{\sqrt{n}} < \overline{X} < \mu + 1.96 \times \frac{\sigma}{\sqrt{n}}$$

となる確率が95%とわかります。これを変形すると、μ の95%信頼区間が得られます。

分散が既知である正規分布の平均の95%信頼区間:

確率変数 X が平均 μ（未知）、分散 σ^2（既知）の正規分布 $N(\mu, \sigma^2)$ に従うとき、大きさ n の標本から求めた平均 $\overline{X}$ から求めた μ の95%信頼区間

は次式で表されます。

$$\overline{X} - 1.96 \times \frac{\sigma}{\sqrt{n}} < \mu < \overline{X} + 1.96 \times \frac{\sigma}{\sqrt{n}} \qquad [15.1]$$

この考え方を活用して、次の練習問題では90％信頼区間を求めてみましょう。

練習問題 15.1

ある給茶機は、ボタンを押すと一定量のお茶を湯呑みに注ぎます。注がれる量（単位はmL）は正規分布 $N(\mu, 3^2)$ に従うこともわかっています。給茶して注がれた量を量る作業を10回くり返し、平均を求めたところ121 mLでした。給茶機が注ぐお茶の量の平均 μ を90％信頼区間で区間推定してください。

15.2 ◆ 区間推定の考え方②
——分散が未知の正規分布の平均を推定する

例題 15.2

ある工場では、粉状の材料を一定量ずつ袋に詰める機械が稼働しています。ただし、詰める材料の重さには毎回誤差が発生します。その重さは正規分布 $N(\mu, \sigma^2)$ に従うと考えられます。すでに材料が詰められた6袋から中身を取り出して重さを量ったところ、その平均が101.5（グラム）そして分散が2.92でした。μ を95％信頼区間で区間推定してください。

この例題は、Chapter 13の練習問題13.3とほぼ同じ設定ですが、材料の重さについて「正規分布である」ことしかわかっていません。つまり、μ, σ^2 ともに未知です。母集団について、その分布を正規分布と仮定することは多く

ありますが、平均や分散が既知であることは多くありません。ここでは、正規分布に従うことがわかっているものの、μ, σ^2 ともに未知である確率変数について、観測値から平均 μ を区間推定することを考えます。

前節で得た、母平均の95％信頼区間の式（式［15.1］）には標本の平均（$\overline{X}$）、標準偏差（σ）、大きさ（n）が登場していました。この信頼区間は、$\overline{X}$ が正規分布 $N\left(\mu, \left(\dfrac{\sigma}{\sqrt{n}}\right)^2\right)$ に従うこと、つまり $\dfrac{\sqrt{n}\,(\overline{X} - \mu)}{\sigma}$ が標準正規分布に従うことから導かれましたが、本例題では σ が未知なので、同じようにはいきません。ここで、n 個の観測値から求めた標本平均、標本分散[7] をそれぞれ $\overline{X}$、s^2 とします。これらを用いた式として、13.3節で登場した

$$t = \frac{\sqrt{n-1}\,(\overline{X} - \mu)}{s}$$

［13.3］の再掲

があります。この t は、自由度 $n-1$ の t 分布に従うことを13.3節で説明しました。自由度 $n-1$ の t 分布について、上側2.5％点を $t_{n-1}^{0.025}$ と表すことにしましょう。この値は、n がわかれば付録3の t 分布表から求めることができます（たとえばこの例題では $n = 6$ ですから、表より $t_5^{0.025} = 2.57$ です）。例題13.3で図示したように、t 分布も正規分布と同様に0を中心に左右対称ですから、

$$-t_{n-1}^{0.025} < \frac{\sqrt{n-1}\,(\overline{X} - \mu)}{s} < t_{n-1}^{0.025}$$

となる確率は95％です。これを変形すると、以下が得られます。

分散が未知である正規分布の平均の95％信頼区間：

確率変数 X が平均 μ（未知）、分散 σ^2（未知）の正規分布 $N(\mu, \sigma^2)$ に従うとき、大きさ n の標本平均 $\overline{X}$ と標本分散から求めた μ の95％信頼区間は次式のようになります。

$$\overline{X} - t_{n-1}^{0.025} \times \frac{s}{\sqrt{n-1}} < \mu < \overline{X} + t_{n-1}^{0.025} \times \frac{s}{\sqrt{n-1}}$$

［15.2］

---

7) Chapter 14でも述べましたが、標本分散とは、偏差の2乗和を標本の大きさ n で割ったものです（Chapter 3で説明したもの）。一方で、n ではなく $n-1$ で割った不偏分散と呼ばれるものがあります。本書では、不偏分散については扱わないため、区間推定でも標本分散を用います。そのため、不偏分散を用いて説明する本では、式［15.2］が異なります。

本例題では、$\overline{X} = 101.5$、$t_5^{0.025} = 2.57$、$s = \sqrt{2.92} = 1.708\cdots$なので、<u>95％信頼区間は$99.536 < \mu < 103.464$と求められます</u>。つまり、機械が自動的に袋詰めする材料の重さの分布について、その平均の真の値は99 gから104 gの間にあると推定されます。

なお、nが十分大きい（たとえば$n = 100$など）場合、$t_{n-1}^{0.025}$の値は標準正規分布における上側2.5％点と一致するので、式［15.1］のσにsを代入して求めることもできます。

例題15.1と15.2では、確率分布について未知である平均（期待値）の信頼区間を求めました。確率分布の分散についても、観測値から信頼区間を求めることができますが、やや複雑となるので、本書では省略します。興味をもった読者は、より専門的な統計の本を参照してください。

練習問題 15.2

新たに発見された昆虫を図鑑に掲載することになりました。平均的な体長を示すために、成虫を10匹捕獲して調査をしたところ、以下の体長データを得ました。

82, 74, 78, 83, 80, 83, 80, 76, 79, 80（mm）

母集団の体長の分布は正規分布に従うと仮定し、その平均μについて95％信頼区間で区間推定をしてください。

Chapter 16

仮説検定

Chapter 12と13そして15で、上側確率や下側確率について考えました。本章では、母集団についてある分布を仮定し、観測された統計量について求めた上側確率（または下側確率）をもとに仮定の妥当性を判定する分析手法——仮説検定——を学びます。

16.1 ◆ 仮説検定の考え方

例題 **16.1**

　ある定食屋では、自動ライス盛り付け機が稼働しています。この機械に器をセットしてボタンを押すと、200 gのライスが盛られます。なお、機械の説明書には、盛り付け量は期待値200 g、標準偏差3 gの正規分布に従うと書かれています。ある日の開店前にこの機械を10回動かし、毎回盛られたライスの重さを量ったところ、次の結果を得ました。

203, 207, 202, 205, 199, 201, 200, 204, 198, 200 (g)

以下の問いに答えてください。

①　10回計測した重さの平均はどのような分布に従いますか？

②　同じことを再びおこなった際、この日の平均よりも平均が大きくなる確率はどのくらいになりますか？

①　問われているのは、標本平均の従う分布ですから、14.2節で紹介した標本平均の性質を適用できます。ライスの盛り付け量は確率変数とみなせる

ので、それをYとしましょう。説明書によれば、Yは正規分布$N(200, 3^2)$に従うらしいので、10回分の観測値の平均$\overline{Y}_{10}$は、期待値200、分散$\dfrac{3^2}{10} = 0.9$の<u>正規分布に従います。</u>

② ①より、$\overline{Y}_{10}$は期待値200、分散$\dfrac{3^2}{10} = \left(\dfrac{3}{\sqrt{10}}\right)^2$の正規分布に従うことがわかったので、Chapter 12の式［12.2］に示した変数変換により、標準正規分布に従う変数Zをつくりましょう。すると、

$$Z = \frac{\overline{Y}_{10} - 200}{\dfrac{3}{\sqrt{10}}} = \frac{\sqrt{10}\,(\overline{Y}_{10} - 200)}{3}$$

を得ます。得られたデータから求められた$\overline{Y}_{10}$は

$$\overline{Y}_{10} = \frac{203+207+202+205+199+201+200+204+198+200}{10} = 201.9$$

です。したがって、求めたい確率は$P(\overline{Y}_{10} > 201.9)$となりますが、この確率は先ほど定義した$Z$を用いて$P\left(Z > \dfrac{\sqrt{10}\,(201.9 - 200)}{3}\right)$に変換できます。よって、標準正規分布表を用いて、以下のように確率を求められます。

$$\begin{aligned}
P(\overline{Y}_{10} > 201.9) &= P\left(Z > \frac{\sqrt{10}\,(201.9 - 200)}{3}\right) \\
&= P(Z > 2.002) \simeq P(Z > 2.00) = 0.02275\cdots = \underline{0.0228}
\end{aligned}$$

　この定食屋では、定期的に機械の動作確認をしています。具体的には、開店前に盛り付けを10回実施して重さを量っているとします。機械の動作が正常であれば、10回の平均$\overline{Y}_{10}$の実現値はほぼ200（g）であることが期待されます。例題で扱ったある日の測定では、$\overline{Y}_{10}$の実現値として201.9（g）が得られたわけですが、本例題の②の結果から、$\overline{Y}_{10}$が201.9（g）より大きくなる確率は2%ほどだとわかります。いま、ある事象の起こる確率が5%より小さい場合、その事象はめったに起こらないことだ、とあらかじめ（動作確認前に）決めていたとします。すると、この日の測定結果はめったに起こらないことだと考えられ、得られたデータは$N(200, 3^2)$に従っているとは言い難いことになります。したがって、機械が正常に動いているとは言えないと結論しなければなりません。

帰無仮説と対立仮説

　この例題では「機械の動作は正常であり、10回動作させたときの平均 $\overline{Y}_{10}$ はほぼ200（g）であろう」と仮定し、実際に観測された事象から仮定の成否を判定しました。このように、データ（標本）の背後にある母集団の分布について仮説をたて、実際に観測された標本から、その仮説が棄却されるかどうか統計的に判定することを**仮説検定**と呼びます。

　仮説検定というくらいですから、仮説が重要です。母集団の分布についての仮説は、「分布を表すパラメーター（母数）が X（特定の値）である」といった形式で書きます。検定において、棄却されるかどうかの判定の対象となる仮説を**帰無仮説**と呼び、H_0 で表します。この例題での帰無仮説は、母集団が標準偏差3（g）である正規分布に従っているとしたうえで、

　　　$H_0: \mu = 200$（期待値は200（g）である）

となります。

　仮説検定では、帰無仮説が棄却されるかどうかを判定します。そして、帰無仮説が棄却されたときに採用される仮説を**対立仮説**と呼び、H_1 で表します。上で示した帰無仮説 H_0 に対する対立仮説 H_1 として

・$\mu \neq 200$（期待値は200（g）ではない）
・$\mu < 200$（期待値は200（g）より小さい）
・$\mu > 200$（期待値は200（g）より大きい）

の3通りが考えられます。対立仮説が複数考えられる場合、仮説検定の目的に応じてより適当な対立仮説を選ぶ必要があります。例題16.1では、機械が正常かどうかの判定が目的で、盛り付け量が多すぎても、少なすぎても機械の異常です。したがって、対立仮説として

　　　$H_1: \mu \neq 200$（期待値は200（g）ではない）

を選ぶべきでしょう。

検定統計量と有意水準

次に、帰無仮説を棄却するかどうかの判定基準を考えます。仮説検定では、帰無仮説のもとで観測された標本が生じる確率[8] はどのくらいかを考えます。その確率がある値より小さい場合、帰無仮説を棄却するわけですが、その閾値のことを**有意水準**と呼びます。たとえば確率が0.05（5%）以下のときに棄却するならば、「有意水準は0.05とする」とあらかじめ設定しておきます。有意水準の値をいくつに設定すべきかは、一概には言えません。

さきほど、観測された標本が生じる確率を考えると述べました。しかし、n個の標本 $X_1, X_2, \cdots, X_n$ が得られたとき、その事象の確率を計算するのは困難なことが多いので、$X_1, X_2, \cdots, X_n$ から定義される別の確率変数に対して確率を求めます。この確率変数を**検定統計量**と呼びます。検定統計量は、仮説検定によってさまざまです。本例題では、分散が既知（σ^2）である正規分布について、期待値μがある値（μ_0）に等しいかの仮説検定をおこないました。そして検定統計量としては、n個の標本の平均$\overline{X}$をもとにした

$$Z = \frac{\sqrt{n}\,(\overline{X} - \mu_0)}{\sigma}$$

を用いました。なぜなら、この検定統計量Zは標準正規分布$N(0, 1^2)$に従うので、確率を計算することが容易なのです。標準正規分布に従うZの値が0から遠く離れる確率はわずかです。

棄却域——帰無仮説の棄却範囲を検定統計量で表す

有意水準0.05としたので、検定統計量Zの値が以下の場合に帰無仮説を棄却します。検定統計量は0を中心として上側と下側の両方に外れる可能性があります。よって、検定統計量の上側確率と下側確率がそれぞれ0.025より小さい場合、帰無仮説を棄却することになります。この帰無仮説を棄却する検定統計量の値の範囲を**棄却域**と呼び、これを図示すると図16.1のようになります。

検定統計量Zは標準正規分布に従うので、付録1の正規分布表から、上側

---

[8] 後で述べますが、標本の得られる確率は計算困難であることが多いので、別の確率を求めます。

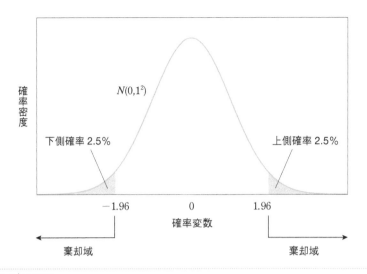

|図**16.1** | **棄却域**
検定統計量が標準正規分布に従い、有意水準を 0.05 とした場合

確率が0.025となるZの値は1.96です。また、標準正規分布は$Z=0$を中心に左右対称ですから、下側確率が0.025となるZの値は-1.96です。このことから、本例題の棄却域は$Z < -1.96$と$Z > 1.96$になります。

棄却域をZの値の範囲として決めることができたので、次に、Zの値が棄却域に入っているかを確かめましょう。観測値から$\overline{X}$の値を求めZに変換すると、$Z = 2.002\cdots$を得ました（例題16.1②の解説を参照）。この値は棄却域に入っているので、帰無仮説H_0は棄却されます。

一方、帰無仮説H_0のもとで検定統計量Zが2.002より大きくなる確率は、付録1の標準正規分布表を読み取れば0.0228と求まります。検定統計量が観測値より求められた値になる確率のことを**p値**（**p-value**）と呼びます。p値が小さいほど、帰無仮説H_0のもとで検定統計量がその値となる確率は小さいことを意味します。

仮説検定の手順まとめ：2つの過誤に注意

以上が、仮説検定の説明ですが、少々ややこしかったかもしれません。手順をまとめると、以下のようになります。

仮説検定の手順：

① 帰無仮説 H_0 と対立仮説 H_1 を設定する。
② 有意水準を決める（0.05 など）。
③ 帰無仮説 H_0 のもとで、得られた標本から計算される検定統計量を作成し、その分布を求める。
④ 求められた検定統計量の分布と、設定した対立仮説 H_1 から棄却域を求める。
⑤ 観測された標本の値を用いて検定統計量を求め、それが棄却域にふくまれるかどうかで以下の判定をする。
⑥ 検定統計量が棄却域に入るとき、帰無仮説 H_0 は棄却される。棄却域に入らないとき、帰無仮説 H_0 を棄却されない。

　検定統計量の値が棄却域にふくまれていないとき、「帰無仮説 H_0 が採用される」とは言えないことに注意してください。仮説検定では、検定統計量が棄却域に入らない場合は、「帰無仮説 H_0 を棄却するのは無理がある」という判定しかできません。

　また、帰無仮説 H_0 で観測された標本の値から計算された検定統計量の p 値が0.025で、有意水準より小さいとします。このとき H_0 は棄却されますが、p 値 ＝ 0.025 とは、H_0 のもとで検定統計量の値が起こりうる確率は 0.025 あるということなので、H_0 が正しいのに間違って棄却してしまう確率が 0.025 であることになります。

　仮説検定では、本当は H_0 が棄却すべきでないのに棄却してしまうことや、本当は H_0 が棄却されるべきなのに棄却できない、といった誤判定が起こりえます。これらはそれぞれ、**第1種の過誤**と**第2種の過誤**と呼ばれます。

仮説検定の2つの過誤：

第1種の過誤（偽陽性：false positive）：帰無仮説 H_0 は棄却されるべきでないのに、誤って棄却してしまうこと。
第2種の過誤（偽陰性：false negative）：帰無仮説 H_0 は棄却されるべきなのに、誤って棄却しないこと。

「偽陽性」や「偽陰性」は、仮説検定だけでなく医療検査などさまざまな判定において発生するものです。

練習問題 16.1

ある年齢の男の子について、全国で体力調査がおこなわれました。調査の中の1項目にソフトボール投げがあり、その飛距離の測定・集計結果から、その分布として期待値が23 mで標準偏差が8 mの正規分布 $N(23, 8^2)$ が導かれています。ある学校で、体力調査の対象と同じ年齢の男の子100人を集めて測定したところ、平均は25 mでした。この学校の100人の標本集団は母集団と同じと言えるでしょうか？有意水準を0.05とし、仮説検定を用いて判定してください。

16.2 ◆ t 検定

例題 16.2

あるラーメン店は市内に7軒の店舗を構えています。これらの店舗の1日の売り上げは1店舗あたり平均10万円です。店主がソーシャルメディアを使った情報発信をはじめた後のある日、各店舗の売り上げは以下のようになりました。

　　12, 9, 8, 12, 14, 11, 12（万円）

有意水準を0.05とし、仮説検定を用いて、売り上げに変化があったかどうかを考えてください。なお売り上げの平均は正規分布に従うとします。

多くの企業がソーシャルメディアを使って情報発信をしています。その影響は経営にプラスに働くこともありますが、いわゆる炎上という形でマイナスに働くこともあるようです。一方、発信する内容や頻度が不十分であれば、経営に影響をもたらさないこともありえます。この例題のラーメン店の場合、

なんらかの効果はあったのでしょうか。

前節で学んだ仮説検定の手順を思い出しながら、考えていきましょう。

ソーシャルメディアでの情報発信をはじめた後のラーメン店の7店舗の1日の売り上げは、正規分布 $N(\mu, \sigma^2)$ に従うと考えられます。そして、その分布について、帰無仮説（H_0）と対立仮説（H_1）を以下のように設定することができます。

H_0：$\mu = 10$ （以前と変わらない）
H_1：$\mu \neq 10$ （変化があった）

有意水準5%で考えるので、検定統計量の値が、図16.2に示す上側・下側確率が2.5%（0.025）以下の棄却域に入るかどうかを調べることになります。

Chapter 13でt分布について考えました。期待値μが、分散が未知の正規分布に従うデータがn個観測されると、平均$\overline{X}$および分散s^2が求められますが、これらの値は観測のたびに変わります。このとき、

$$t = \frac{\sqrt{n-1}\,(\overline{X} - \mu)}{\sqrt{s^2}}$$

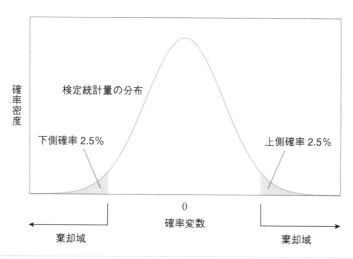

│図16.2│ 棄却域

例題16.2の考え方

で計算される検定統計量（**t統計量**）が従う分布は自由度$n-1$のt分布です。

いま、問題文で与えられた情報から、売り上げの分布は期待値μが10（万円）、分散が未知の正規分布に従うと考えられます。また、観測された7個のデータについては、平均$\overline{X} = 11.14 = 11.1$、分散$s^2 = 3.551 = 3.55$と計算されます。これらを上の式に代入すると、$t$統計量の値は$t = 1.485\cdots = 1.49$と求まります。

データ数nが7なので、このt統計量の分布は自由度6のt分布です。付録3から、自由度6のt分布で上側確率が2.5％（0.025）より小さくなるのは、t統計量が2.4469より大きい範囲です。したがって、棄却域は$t > 2.4469$となります。計算で求めたt統計量の値（= 1.49）はこの棄却域に入らないので、帰無仮説H_0は棄却されません。つまり、ソーシャルメディアを使った情報発信によって売上が変化（増加）しているとは言い難い、と考えられます。

t分布に従う検定統計量を用いた仮説検定を**t検定**と呼びます。この例題では、観測されたデータがある期待値の正規分布に従っているかどうかの検定をおこないました。このほかにもたとえば、2つの集団でそれぞれ複数のデータが観測されたとき、それらは同一の正規分布に従っているか（つまり2つの集団は同じととらえることができるか）、という検定もt検定として扱うことができます。t検定にはさまざまなバリエーションがありますが、それらを個別に紹介していくのはこの本の対象範囲を越えた内容となります。興味をもった読者は、検定についてより詳細に書かれた本を参照してください。

練習問題 16.2

ある食品メーカーは、缶詰商品について内容量の検査を定期的におこなっています。この缶詰商品には内容量50gと表示されています。缶詰に中身を詰める作業は機械化されており、ある程度正確ですが、ランダムなばらつきが生じていると考えられます。その結果として、内容量の重さは正規分布に従っているとします。ある検査で、サンプルとして10個の缶詰を選び、内容量を計測したところ、結果は

47, 46, 51, 50, 43, 52, 46, 48, 47, 45（g）

でした。機械の不調によって内容量が50gから外れているかどうか、

仮説検定を用いて判定してください。ただし有意水準は0.05とします。

16.3 ◆ カイ2乗検定（適合度検定）

例題 16.3

　東京都のある企業で従業員の通勤時間を調べたところ、全体800人のうち、320人が1時間未満、480人が1時間以上でした。一方、事業部ごとに集計すると、表16.1のようになりました。従業員の通勤時間別の人数の比は、事業部間で差がないと考えてよいのか、仮説検定を用いて判定してください。ただし有意水準は0.05とします。

| 表16.1 | ある企業の事業部A、Bに属する従業員の通勤時間別の人数

	事業部A	事業部B	合計
1時間未満	103	217	320
1時間以上	197	283	480
合計	300	500	800

　企業全体で通勤時間別（1時間未満かそれ以上か）の人数比が320：480＝2：3であることがわかっています。その比に事業部間で差がないかどうか、仮説検定により判定しましょう。手順は16.1節で学んだとおりです。帰無仮説は

　H_0: どの事業部も1時間未満：1時間以上の従業員数の比は2：3である

となり、対立仮説は

　H_1: どの事業部も1時間未満：1時間以上の従業員数の比は2：3ではない

となります。

　帰無仮説H_0のもとで、各事業部の従業員数についての期待度数は表16.2

| 表16.2 | 帰無仮説のもとでの期待度数

	事業部A	事業部B	合計
1時間未満	120	200	320
1時間以上	180	300	480
合計	300	500	800

のように求められます。

　実際に集計された結果（観測度数）はこの期待度数とは異なります。ここで、Chapter 13で扱ったカイ2乗分布を思い出してください。これは、観測度数の期待度数からのずれについての分布でした。13.1節で定義した期待度数からのずれを計算すると、表16.3のようになります。

　表16.3から、カイ2乗統計量が求まりました。これがこの仮説検定の検定統計量です。この例題では、カイ2乗統計量の値は$\chi^2 = 6.422\cdots = 6.42$と計算されます。

　表16.3は行・列の数がそれぞれ2なので、自由度は$(2-1) \times (2-1) = 1$です。よって、検定統計量は自由度1のカイ2乗分布に従います。付録2から棄却域を読み取りましょう。この検定では有意水準を0.05としているので、自由度1のカイ2乗分布で上側確率が5％となるカイ2乗統計量を探します。すると、統計量が3.8414より大きい範囲で、上側確率が5％（0.05）より小さくなることがわかります。集計で得られた分割表から求めた検定統計量の値6.42はこの棄却域に入るので、帰無仮説H_0は棄却されます。つまり、どの事業部も通勤時間が1時間未満：1時間以上の従業員数の比は2:3であるとは言うことはむずかしい、と判定されます。

| 表16.3 | 観測度数の期待度数からのずれ

	事業部A	事業部B	合計
1時間未満	2.408333	1.445000	3.853333
1時間以上	1.605556	0.963333	2.568889
合計	4.013889	2.408333	6.422222

この例題では、分割表として得られたデータが期待された（想定された）ものかどうかを仮説検定として考えました。期待されたものかどうかを検証するため、期待度数からのずれを求めると、その和は必ずゼロよりも大きくなります。そのずれの大きさがカイ2乗統計量となり、その値が有意水準より小さくなれば、帰無仮説 H_0 を棄却することになります。このような仮説検定を**カイ2乗検定（適合度検定）**と呼びます。

練習問題 16.3

ABO式血液型を決める遺伝子の分布は、地域や人種によって差が生じます。ある国でランダムに国民を選び血液型を調べたところ、その結果は表16.4のようになりました。この国は東側と西側に分かれているそうですが、血液型の遺伝子分布に東西で差がないと考えてよいのか、仮説検定を用いて判定してください。ただし有意水準は0.05とします。

| 表16.4 | ある国のABO式血液型の東西分布 |

	東側	西側	合計
A型	50	60	110
B型	14	18	32
AB型	8	6	14
O型	24	20	44
合計	96	104	200

An Introduction to
Statistics for **Business** and **Commerce**

練習問題の
解答・解説

練習問題1.1

① 大学生の中には、朝いちばん（1限）の授業が苦手な人が少なからずいますね。その理由として、夜遅くまでアルバイトなどをして寝不足である、ということが考えられそうです。寝不足（睡眠時間が6時間未満）の学生が全体のどのくらいを占めるのか、その割合を概観することが目的となりますから、（ウ）円グラフがもっともよさそうです。

② 私たちは日常生活を通して、1日の気温は昼過ぎにもっとも高くなり、明け方にもっとも低くなることを知っています。しかし、時間帯による気温変化のスピードは、その日の天気や地域によって変わるでしょう。時間ごとの変化の傾向は、直線の傾きを通して把握することができます。よって、（イ）折れ線グラフがもっともよさそうです。

③ 学年統一テストでは、クラス間で成績に差が出ることが大いに予想されます。たとえば、成績優秀者の数を比べる場合、どのクラスにもっとも多く、どのクラスもっとも少ないかを知りたいですが、それは人数を高さで表現することで把握しやすくなるでしょう。よって、（ア）棒グラフがもっともよさそうです。

練習問題1.2

① $2=2^1$ ですから、$\log_2 2^1 = \underline{1}$

② $4=2^2$ ですから、$\log_2 2^2 = \underline{2}$

③ $10000 = 10^4$ ですから、$\log_{10} 10^4 = \underline{4}$

④ $1000000 = 10^6$ ですから、$\log_{10} 10^6 = \underline{6}$

練習問題1.3

値段の推移つまり時系列変化ですから、折れ線グラフを描くのが適当でしょう。通常の等間隔目盛りを縦軸に用いて描くと、図A.1(a) のようになります。2017年の後半に急激な値段の高騰が起きたことがわかります。一方、このグラフでは2015年1月から2016年7月にはほとんど変化がなかったように見えます。

次に、縦軸を対数目盛りにした折れ線グラフを図A.1(b)に示します。このグラフから、2015年1月から2016年7月の間も継続的に値段が上昇していることがわかります。このように、対数目盛りを用いることで、急激な変化に隠れて見落とされる可能性の高い比較的緩やかな変化についても、傾向を可視化できる場合があります。

練習問題2.1

データ数は50ですから、式［2.1］に$n=50$を代入すると、

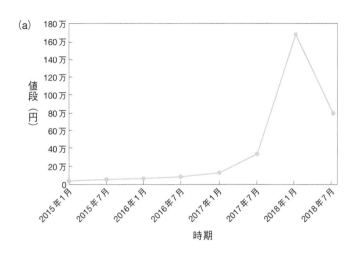

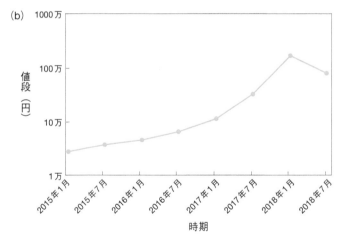

|図A.1| **1ビットコインの値段の推移**

(a) 線形軸（通常の目盛りの振られた軸） (b) 縦軸が対数目盛り

$$1 + \log_2 50 = 1 + 5.643\cdots = 6.643\cdots$$

を得ます。ですから、6個か7個の階級に分ければ良いと予想されます。

階級の幅も検討しなければなりません。表から、最小のデータが156 cmで、最大のデータが182 cmとわかります。したがって、全階級の幅の合計が182－156＝26 cm以上必要です。すべての階級の幅を等しくすることにして、分け方を

考えましょう。6個か7個の均一な階級で、合計26 cm以上の幅をもたせればよいのです。そこで、「155 cm以上160 cm未満」から「180 cm以上185 cm未満」まで、幅5 cmの階級を定義すると、6個の階級に分かれます。

練習問題2.2

　階級が定義できたら、各階級に属するデータ数（度数）を集計し、その結果を度数分布表の対応する欄に記入します。度数分布表をつくること自体はそれほどむずかしくありませんが、データ数が多くなると手作業による集計は時間がかかりますし、間違いが発生する可能性も高まります。Excelの力を借りましょう。

　Excelには、度数を集計する際に便利な関数COUNTIFがあります。これは、「COUNTIF(範囲, "条件")」という書式で、範囲内にあるデータの中で条件に当てはまるものの個数を出力する関数です。たとえば、「155 cm以上160 cm未満」の階級（階級値157.5）に属するデータの個数を求める場合、

　　155 cm以上のデータの個数－160 cm以上のデータの個数

という形で表すことができます。そこで、図A.2(a)のようにCOUNTIF関数を用いて、データの個数を求められます。

　また、複数の範囲と条件を指定することができる、COUNTIFSという関数もあります。これは、「COUNTIFS(範囲1, "条件1", 範囲2, "条件2", 範囲3, "条件3",…)」という書式で、複数の範囲と条件を満たすデータの個数を求める関数です。同じ範囲のデータに対し、「155cm以上」と「160cm未満」をそれぞれ条件1、条件2として入力することで、「155cm以上160cm未満」に該当するデータの個数を図A.2(b)

(a)

(b)

図A.2 | Excelで条件に合うデータの個数を求める

(a) COUNTIF関数では、1つの条件を指定することができる。「155以上」の条件を満たすデータの個数から「160以上」を満たすデータの個数を引けば、「155以上160未満」のデータの個数が求められる
(b) COUNTIFS関数では、複数の条件を指定することができる

階級	階級値	度数	相対度数 （%）
155cm以上160cm未満	157.5	2	4
160cm以上165cm未満	162.5	5	10
165cm以上170cm未満	167.5	10	20
170cm以上175cm未満	172.5	19	38
175cm以上180cm未満	177.5	12	24
180cm以上185cm未満	182.5	2	4
	合計	50	100

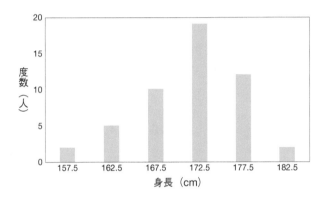

図A.3 | 学生50人の身長のヒストグラム

のように求めることができます。

　これらの集計関数を用いて各階級の度数を求め、度数分布表を作成すると表A.1のようになります。この度数分布表の階級値を横軸、度数を縦軸として棒グラフを作成すると図A.3のヒストグラムとなります。

練習問題3.1

① $\dfrac{5 + 8 + 9 + 12 + 19}{5} = \dfrac{53}{5} = \underline{10.6}$（億円）

② $\dfrac{1 \times 3 + 2 \times 2 + 3 + 4 + 5}{8} = \dfrac{19}{8} = \underline{2.375}$（年）

練習問題3.2

① データの数は10なので、平均は

$$\frac{10 + 10 + 12 + 15 + 18 + 20 + 22 + 30 + 50 + 187}{10} = \frac{374}{10} = \underline{37.4（人）}$$

となります。また、データはすでに昇順に並んでおり、その数は偶数なので、中央値は5番目のデータ（＝18）と6番目のデータ（＝20）の平均です。よって、$\frac{18 + 20}{2} = \underline{19（人）}$ です。

② データの数は9なので、平均は

$$\frac{130 + 294 + 213 + 176 + 152 + 260 + 311 + 109 + 288}{9} = \frac{1933}{9} = 214.7\cdots$$

$$= \underline{215（位）}$$

です。また、データを昇順に並べると、

109, 130, 152, 176, 213, 260, 288, 294, 311

となります。データの数は奇数（9個）なので、中央値は5番目のデータ、すなわち $\underline{213（位）}$ です。

練習問題3.3

ヒストグラムでは、山の峰にあたる階級値が最頻値になります。よって最頻値は $\underline{172.5\,\mathrm{cm}}$ です。

練習問題3.4

平均は、$\frac{1 + 4 + 3 + 0 + 4 + 7 + 3 + 2}{8} = \frac{24}{8} = 3$（時間）です。ここでは、定義式［3.2］を使って分散 σ^2 を求めてみましょう。

$$\sigma^2 = \frac{1}{8} \times \{(1-3)^2 + (4-3)^2 + (3-3)^2 + (0-3)^2 + (4-3)^2 + (7-3)^2 + (3-3)^2 + (2-3)^2\}$$

$$= \frac{1}{8} \times (4 + 1 + 0 + 9 + 1 + 16 + 0 + 1) = \frac{32}{8} = \underline{4}$$

なお、標準偏差は式［3.3］より分散の平方根なので、$\sqrt{4} = \underline{2（時間）}$ です。

練習問題3.5

式［3.4］に従って偏差値を求めると

$$数学の偏差値 = 10 \times \frac{70 - 50}{20} + 50 = 10 \times 1 + 50 = \underline{60}$$

$$国語の偏差値 = 10 \times \frac{70 - 50}{40} + 50 = 10 \times 0.5 + 50 = \underline{55}$$

$$物理の偏差値 = 10 \times \frac{70 - 30}{20} + 50 = 10 \times 2 + 50 = \underline{70}$$

となります。偏差値が50から上側に離れているほど、集団内で上位に位置すると解釈できます。したがって、物理がもっとも成績がよかった科目だと言えます。

練習問題 4.1

例題4.1と同様の方法で散布図を描きましょう。横軸にラーメン店の数、縦軸にうどん店の数をとり、10都道府県のデータをプロットすると図A.4のようになります。この散布図から、ラーメン店が多い都道府県ではうどん店が少ない傾向があると読み取れます。

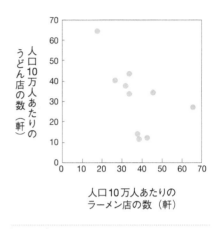

| 図A.4 | ラーメン店の数とうどん店の数

練習問題 4.2

身長を x (cm)、体重を y (kg) とします。標準偏差や共分散を求めるには、x、y それぞれについて平均や偏差を求める必要があります。そこで、表A.2の空欄を順に埋めていきましょう。

この表では、変数 x と y のデータをそれぞれ横方向（行）に並べ、縦方向（列）に各データに対する計算結果を記入していきます。各行のいちばん右側の列には、

| 表A.2 | 相関係数を求めるための表

2変数のデータから相関係数を求めるためには、平均・偏差・標準偏差・共分散といった値を順次求めていく必要がある。表の①〜⑦を順に埋めていこう

											平均	平方根
x	152	173	172	178	175	165	176	165	153	181	①	
y	56	77	81	58	66	68	65	60	63	66		
xの偏差	②											
yの偏差												
xの偏差の2乗	③											④
yの偏差の2乗												
(xの偏差)×(yの偏差)	⑤											⑥
相関係数	⑦											

207

平均やその平方根などのデータ全体に対する計算結果を記入します。順番に空欄を埋めていくことで、平均・分散・標準偏差・共分散といった統計量が計算され、それらを用いることで相関係数が求められます。具体的には、表A.2に示した①〜⑦を順に埋めることになります。以下で計算手順を具体的に示しましょう。

① 変数xとyそれぞれについて、データから平均を計算します。
② xとyそれぞれについて、データと平均の差を計算し偏差を求めます。

											平均	平方根
x	152	173	172	178	175	165	176	165	153	181	169	
y	56	77	81	58	66	68	65	60	63	66	66	
xの偏差	−17	4	3	9	6	−4	7	−4	−16	12		
yの偏差	−10	11	15	−8	0	2	−1	−6	−3	0		
xの偏差の2乗												
yの偏差の2乗												
(xの偏差)×(yの偏差)												
相関係数												

③ xとyそれぞれについて、②で求めた偏差の2乗を計算します。
④ xとyそれぞれについて、③で求めた偏差の2乗の平均を計算し分散を求め、その平方根をとり標準偏差を求めます。

											平均	平方根
x	152	173	172	178	175	165	176	165	153	181	169	
y	56	77	81	58	66	68	65	60	63	66	66	
xの偏差	−17	4	3	9	6	−4	7	−4	−16	12		
yの偏差	−10	11	15	−8	0	2	−1	−6	−3	0		
xの偏差の2乗	289	16	9	81	36	16	49	16	256	144	91.2	9.549
yの偏差の2乗	100	121	225	64	0	4	1	36	9	0	56.0	7.483
(xの偏差)×(yの偏差)												
相関係数												

⑤ xの偏差とyの偏差の積を計算します。
⑥ ⑤で求めた偏差の積の平均から共分散C_{xy}を求めます。

											平均	平方根
x	152	173	172	178	175	165	176	165	153	181	169	
y	56	77	81	58	66	68	65	60	63	66	66	
xの偏差	−17	4	3	9	6	−4	7	−4	−16	12		
yの偏差	−10	11	15	−8	0	2	−1	−6	−3	0		
xの偏差の2乗	289	16	9	81	36	16	49	16	256	144	91.2	9.549
yの偏差の2乗	100	121	225	64	0	4	1	36	9	0	56.0	7.483
(xの偏差)×(yの偏差)	170	44	45	−72	0	−8	−7	24	48	0	24.4	
相関係数												

⑦　共分散 C_{xy} と標準偏差 σ_x, σ_y を用いて、式［4.3］から相関係数を求めます。

											平均	平方根
x	152	173	172	178	175	165	176	165	153	181	169	
y	56	77	81	58	66	68	65	60	63	66	66	
xの偏差	−17	4	3	9	6	−4	7	−4	−16	12		
yの偏差	−10	11	15	−8	0	2	−1	−6	−3	0		
xの偏差の2乗	289	16	9	81	36	16	49	16	256	144	91.2	9.549
yの偏差の2乗	100	121	225	64	0	4	1	36	9	0	56.0	7.483
(xの偏差)×(yの偏差)	170	44	45	−72	0	−8	−7	24	48	0	24.4	
相関係数	0.3414											

　　以上より、相関係数は $r_{xy}=0.3414\cdots=\underline{0.341}$ と求まります。

練習問題4.3

①　相関係数は−1以上、1以下の値なので、相関係数が2.34になることはありません。<u>×</u>です。

　　この問題を見て、「こんなの当たり前じゃん」と思った読者は多いでしょう。でも、大学の定期テストで相関係数を計算させる問題を出すと、毎回「相関係数＝10.5」といった珍解答（!?）を複数目にします。相関係数の絶対値は1より大きくなることはないので、絶対値が1を超える相関係数が得られてしまった場合は、計算過程を見直すようにしてください。

②　負の相関は、2変数の片方が増加すると他方が減少する関係ですから、散布図を描くと、練習問題4.1のように、データは左上から右下の方向に散らばって存在します。<u>○</u>です。

③　相関係数の絶対値が0.2以下のとき、「相関がない」と解釈します。相関がないということは、2変数の間に関連性が認められないと言えます。<u>○</u>です。

練習問題5.1

　図A.5の散布図上に示した回帰直線（の傾きと切片）を求めることになります。Chapter 4で、表を用いて相関係数を段階的に求める手法を学びました。式 [5.4] を用いて回帰直線を求めるうえで、xとyそれぞれの標準偏差およびxとyの間の相関係数が必要となるので、練習問題4.2と同じように表A.3を埋めて求めていきます。

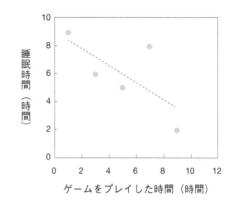

| 図A.5 | ゲームのプレイ時間と睡眠時間の散布図
表5.2のデータにもとづく

① 　xとyについて、それぞれ5つのデータの平均を求めます。

② 　xとyについて、各データと平均との差である偏差を求めます。

③ 　xとyそれぞれの偏差について2乗を求めます。

④ 　③で得られた結果に対して平均をとり、分散を求めます。また、分散の平方根をとり、標準偏差 (σ_x、σ_y) を求めます。

⑤ 　各データについてxとyの偏差どうしの積を求めます。

⑥ 　⑤で得られた結果に対して平均をとり、共分散 (C_{xy}) を求めます。

| 表A.3 | 相関係数を求めるための表

						平均	平方根
x	9	5	1	3	7	①	
y	2	5	9	6	8		
xの偏差			②				
yの偏差							
xの偏差の2乗			③			④	
yの偏差の2乗							
(xの偏差) × (yの偏差)			⑤			⑥	
相関係数		⑦					

						平均	平方根
x	9	5	1	3	7	5	
y	2	5	9	6	8	6	
xの偏差	4	0	−4	−2	2		
yの偏差	−4	−1	3	0	2		
xの偏差の2乗	16	0	16	4	4	8	2.828
yの偏差の2乗	16	1	9	0	4	6	2.449
(xの偏差)×(yの偏差)	−16	0	−12	0	4	−4.8	
相関係数							

⑦ Chapter 4 の式［4.3］（$r_{xy} = \dfrac{C_{xy}}{\sigma_x \sigma_y}$）を使って相関係数を求めます。

						平均	平方根
x	9	5	1	3	7	5	
y	2	5	9	6	8	6	
xの偏差	4	0	−4	−2	2		
yの偏差	−4	−1	3	0	2		
xの偏差の2乗	16	0	16	4	4	8	2.828
yの偏差の2乗	16	1	9	0	4	6	2.449
(xの偏差)×(yの偏差)	−16	0	−12	0	4	−4.8	
相関係数	−0.6928						

こうして得られた結果を式［5.4］に代入すると、$a = r_{xy} \times \dfrac{\sigma_y}{\sigma_x} = -0.6$, $b = \overline{y} - a\,\overline{x} = 9$が求まります。よって、回帰直線は$\underline{y = -0.6x + 9}$となります。

練習問題5.2

　人口が多い地域では需要が大きいと見込まれるので、飲食店の数が増えると考えられます。ラーメン店の数を目的変数、人口を説明変数として回帰分析をおこなうことには意味がありそうです。表5.6のデータから回帰直線を求めることで（図A.6）、データのない県についても、その人口からラーメン店の数を予測できます。

　説明変数（人口）をx、目的変数（ラーメン店の数）をyとすると、表A.4のような計算表がつくれます。これを用いて、標準偏差および相関係数を求めると表A.5になります。この結果を式［5.4］に代入すると、回帰直線の傾きaと切片bがそれぞれ、$a = 0.3582\cdots = 0.358$、$b = -3.1674\cdots = -3.17$と求まります。したがって、回帰直線は$y = 0.358x - 3.17$です。この回帰直線の式に$x = 5400$を代入すると、$y = 1930.03$と求まり、人口が540万人の都道府県には、$\underline{\text{ラーメン店が}1900 \sim 2000}$ $\underline{\text{軒ぐらいあると予想できます}}$。

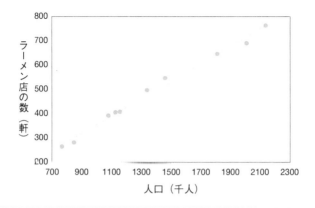

表5.6のデータにもとづく

表A.4　相関係数を求めるための表

											平均	平方根
x	1461	1338	1080	1128	2138	1810	1157	2008	770	850		
y	547	495	393	405	764	645	408	690	263	280		
xの偏差												
yの偏差												
xの偏差の2乗												
yの偏差の2乗												
(xの偏差)×(yの偏差)												
相関係数												

表A.5　表A.4を埋めた結果

											平均	平方根
x	1461	1338	1080	1128	2138	1810	1157	2008	770	850	1374	
y	547	495	393	405	764	645	408	690	263	280	489	
xの偏差	87	−36	−294	−246	764	436	−217	634	−604	−524		
yの偏差	58	6	−96	−84	275	156	−81	201	−226	−209		
xの偏差の2乗	7569	1296	86436	60516	583696	190096	47089	401956	364816	274576	201805	449.23
yの偏差の2乗	3364	36	9216	7056	75625	24336	6561	40401	51076	43681	26135	161.66
(xの偏差)×(yの偏差)	5046	−216	28224	20664	210100	68016	17577	127434	136504	109516	72287	
相関係数	0.9953											

練習問題6.1

プロ野球では、すべてのチームが年間で決められた数の試合をおこない、勝利数の多いチームが優勝します。また、野球の試合は2チームが交互に攻撃・守備を9回繰り返し、点数を多くとったほうが勝つゲームなので、得点が多いほど、また失点が少ないほど勝利数は増えると予想されます。得点と失点を説明変数とし、勝利数を目的変数として重回帰分析をおこないましょう。

与えられたデータ（表6.2）について、Excelを使って重回帰分析を実行します。例題6.1と同様に分析ツールを使って、図A.7のように設定をします。すると図A.8の結果が得られます。

① 勝利数をy、得点をx_1、失点をx_2とすると係数の値から、回帰式は

$$y = 0.0462x_1 - 0.0767x_2 + 88.8$$

|図A.7| **Excelによる重回帰分析の設定画面**

|図A.8| **Excelによる重回帰分析の結果**

となります。

② 得点（x_1）と失点（x_2）に関して偏回帰係数の絶対値を比べると、失点に関する偏回帰係数のほうが大きいことがわかります（0.0462＜0.0767）。このことから、失点を減らすことが勝利数を増やすうえで有効である、と言えます。

練習問題6.2

練習問題6.1では、勝利数をy、得点をx_1、失点をx_2とした回帰式は

$$y = 0.0462x_1 - 0.0767x_2 + 88.8$$

となりました。また、yの平均値は70.333…です。これらを用いると、予測値、観測値、残差、全変動、回帰変動は表A.6となります。

重相関係数は予測値と観測値の間の相関係数なので、ExcelのCORREL関数を用いて求められます。

重相関係数 ＝ 0.98749… ＝ 0.987

また、全変動と回帰変動について2乗和を求め、決定係数を計算すると

$$決定係数 = \frac{237.287\cdots}{243.333\cdots} = 0.97515\cdots = 0.975$$

となります。以上の計算で求められた重相関係数と決定係数が、練習問題6.1のExcelでの分析結果（図A.8）にある「回帰統計」の値と一致していることを確認しておきましょう。

表A.6 予測値、観測値、残差、全変動、回帰変動

予測値	観測値	残差	全変動	回帰変動
80.4477	80	−0.4477	9.6666	10.1143
74.1117	76	1.8882	5.6666	3.7784
72.2058	71	−1.2058	0.6666	1.8725
68.8122	69	0.1877	−1.3333	−1.5211
65.8035	65	−0.8035	−5.3333	−4.5297
60.6188	61	0.3811	−9.3333	−9.7144

練習問題6.3

与えられたデータ（表6.6）について、Excelを使って重回帰分析を実行します。例題6.1や練習問題6.1と同様に分析すると、図A.9のように結果が得られます。

① Excelでの分析結果から、売上高をy、来客数x_1、降水量x_2、降水日数x_3、最高気温x_4とすると、回帰式は

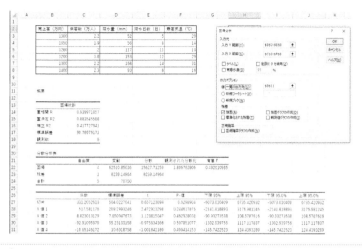

図A.9 | Excel による重回帰分析の結果

$$y = 518x_1 + 8.82x_2 - 92.9x_3 - 10.7x_4 + 331$$

となります。

② 例題6.3で述べた多重共線性の回避の手順に沿って考えます。まず、目的変数と説明変数の間の相関係数を求めます。回帰分析と同様、Excelの「データ分析」を用いると、変数どうしの相関係数を図A.10のように一括して求めることができます。

図A.10の右上が変数間の相関係数を示しています。これを見ると、すべての説明変数と目的変数の間に正の相関があることがわかります。一方、回帰式の係数にあたる偏回帰係数はx_3(降水日数)とx_4(最高気温)について負の値となっており、

図A.10 | Excel による相関分析の結果

相関係数と矛盾しています。そこで、x_3 と x_4 について他の変数との相関係数を調べてみましょう。すると、x_3 は x_2（降水量）と高い相関（相関係数 $=0.986$）をもつことがわかります。1ヵ月の降水量は降水日数から概算できますから、相関が高いのは当然でしょう。よって、説明変数 x_2 と x_3 の間に非常に強い相関があり、x_3 について偏回帰係数の符号が相関係数から期待されるもの（プラス）と逆になっていることから、多重共線性が起こっていると判断できます。なお、x_4 についてはほかの説明変数との間に絶対値が0.9を超えるような非常に高い相関を示してはいないため、多重共線性が起こっていると断定するのはむずかしいですが、分析結果の解釈では注意が必要です。

練習問題7.1
「サイコロを1回振る」という事象を考える場合、その標本点は、「1の目が出る」「2の目が出る」…「6の目が出る」の6つです。それぞれ簡略化して、1, 2, …, 6 と表すと、①は $\Omega=\{1,2,3,4,5,6\}$、②は $P=\{2,4,6\}$ となります。

練習問題7.2
　サイコロを2回振った結果の標本空間について考えます。標本点を1回目に出た目 x と2回目に出た目 y の組み合わせ、すなわち (x, y) で表すことにしましょう。たとえば、「1回目に2、2回目に5が出た」という結果を表す標本点は $(2, 5)$ と表します。すると、標本空間は $\Omega=\{(1,1),(1,2),\cdots,(1,6),(2,1),(2,2),\cdots,(6,6)\}$ と表すことができ、その標本点の数は $|\Omega|=6\times6=36$ です。

① 1回目と2回目に同じ目が出る事象を S とすると、その標本点は $S=\{(1,1),(2,2),(3,3),(4,4),(5,5),(6,6)\}$ です。よって S が起こる確率は $P(S)=\dfrac{|S|}{|\Omega|}=\dfrac{6}{36}=\dfrac{1}{6}$ です。

② 出た目の和が5以下となる事象を T とすると、その標本点は $T=\{(1,1),(1,2),(1,3),(1,4),(2,1),(2,2),(2,3),(3,1),(3,2),(4,1)\}$ となります。よって T が起こる確率は $P(T)=\dfrac{|T|}{|\Omega|}=\dfrac{10}{36}=\dfrac{5}{18}$ です。

練習問題7.3
① 5人全員が並ぶので、階乗です。場合の数は $5!=120$ 通りです。
② 「仕事を割り当てる」というプロセスも「並べる」と同じものとみなせます。たとえばそれぞれA、B、Cという文字の書かれた3つの席に3人を座らせるのと、3人にそれぞれ仕事A、B、Cを割り当てるのとで、場合の数は一致します。したがっ

て、ここで考えているのは「選んで並べる」ことに相当するので、順列です。場合の数は $_5P_3 = \dfrac{5 \times 4 \times 3 \times 2 \times 1}{2 \times 1} = \underline{60\,通り}$ です。

③ 同じ人数の2グループをつくるということは、16人の中から8人を選ぶことになる（8人を選び片方のグループとすれば、もう片方のグループのメンバーは自動的に残りの8人に決まる）ので、組合せです。したがって場合の数は

$$_{16}C_8 = \frac{16 \times 15 \times \cdots \times 2 \times 1}{(8 \times 7 \times \cdots \times 2 \times 1) \times (8 \times 7 \times \cdots \times 2 \times 1)} = \underline{12870\,通り}$$

です。

④ 4人を4つの異なる席に並べることになるので、階乗です。場合の数は $4! = \underline{24}$ 通りとなります。

⑤ ジョーカーを除いたトランプ（52枚）から5枚を引いたときの札のそろい方を調べるとき、その5枚をどのように並べてもそろい方は変わりません。ですので、これは、52枚から5枚を選ぶ組合せです。場合の数は

$$_{52}C_5 = \frac{52 \times 51 \times \cdots \times 2 \times 1}{(5 \times 4 \times 3 \times 2 \times 1) \times (47 \times 46 \times \cdots \times 2 \times 1)} = \underline{2598960\,通り}$$

となります。

なお、トランプで5枚引いたときの札の揃い方について、その優劣を競うゲームがあり、「ポーカー」と呼びます。

練習問題7.4

① 3列のそれぞれ1番前の席に座る人を決めるということは、15人の中から3人を選んで並べることになるので、順列となります。よって、場合の数は

$$_{15}P_3 = \frac{15!}{(15 - 3)!} = \frac{15!}{12!} = 15 \times 14 \times 13 = \underline{2730\,通り}$$

です。

② PからQへ最短経路で行くには、分岐点（交差点）で右または上に進む必要があります。分岐点から次の分岐点までの移動を1ステップとすると、最短経路は8ステップです。この8ステップのうち、いずれかの3ステップで上に進まなくてはいけません（残りの5ステップは右へ進みます）。つまり、PからQへの最短経路の選び方は、8ステップから3ステップを選ぶ選び方に等しいと考えられます。よって、組合せを計算すればよく、

$$_8C_3 = \frac{8!}{3! \times (8 - 3)!} = \frac{8!}{3! \times 5!} = \frac{8 \times 7 \times 6}{3 \times 2 \times 1} = \underline{56\,通り}$$

です。

③　5人が1列に並ぶ事象の場合の数は階乗、つまり5!で求められるのでした。この問題では、1列に並ぶのではなく円形に並ぶことを考えなければなりません。これは、先頭と最後尾がなくなるということです。A, B, C, D, Eの5人が円形に並ぶとすると（席が区別されていない限り）、回転させたときに重なる並び方は互いに区別されません（図A.11）。したがって、$\dfrac{5!}{5} = 4! = \underline{24通り}$です。

④　6桁の整数をつくるので、図A.12のA〜Fの枠に順番に数字を入れていくことを考えましょう。ただし、単純な順列の計算（6!）ではありません。10万の位に相当する枠Aには0を入れることができないからです。したがって、枠Aに入る数字は1〜5の5通りです。枠B以降は、0もふくめた残りの5つの数をどう入れてもかまわないので、$5 \times 5! = \underline{600通り}$となります。

⑤　箱Aから順番に本を入れていくことにしましょう。8冊の中から2冊を選べばよいので、場合の数は$_8C_2$です。次に、箱Bに入れる2冊は、箱Aに入れた2冊を除く6冊から選ぶので、場合の数は$_6C_2$です。同様に、箱Cに入れる2冊の選び方は$_4C_2$、箱Dに入れる2冊の選び方は$_2C_2$となります。全体としての場合の数は、これらの積に等しいので

| 図A.11 | **A〜Eの5人が円形に並ぶ**

この5つの並び方は、回転させると互いに一致するので区別せず、1通りとみなす

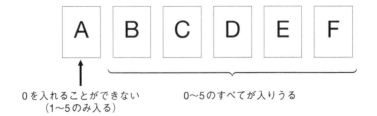

| 図A.12 | **6桁の整数のつくり方**

0〜5の整数をA〜Fの6つの枠に並べていくと考えればよい。ただし、枠Aには0が入らないことに注意

$$\displaylines{{}_8C_2 \times {}_6C_2 \times {}_4C_2 \times {}_2C_2 = \frac{8!}{2! \times (8-2)!} \times \frac{6!}{2! \times (6-2)!} \times \frac{4!}{2! \times (4-2)!} \times \frac{2!}{2! \times (2-2)!}}$$

$$= \frac{8!}{2! \times 6!} \times \frac{6!}{2! \times 4!} \times \frac{4!}{2! \times 2!} \times \frac{2!}{2! \times 1} = \frac{8!}{2 \times 2 \times 2 \times 2}$$

$$= \underline{2520\,通り}$$

です。

練習問題7.5

6人が1回ジャンケンをするとき、6人それぞれがグー、チョキ、パーの3通りを出すので、全事象の場合の数は3^6通りです。6人中4人が勝つのは

・4人がグーを出し、残り2人がチョキを出す

・4人がチョキを出し、残り2人がパーを出す

・4人がパーを出し、残り2人がグーを出す

の3つのケースです。また、4人の勝者の組合せは${}_6C_4$通りですから、4人が勝つという事象の場合の数は${}_6C_4 \times 3$通りとなります。よって、4人が勝つ確率Pは

$$P = \frac{{}_6C_4 \times 3}{3^6} = \frac{{}_6C_4}{3^5} = \frac{15}{243} = \frac{5}{81} = 0.061728\cdots = \underline{0.0617}$$

です。

練習問題7.6

問題文のように、トランプの札を5枚引くゲームをポーカーと呼びます。ポーカーでは、引いた5枚が連番となること（マークは問わない）をストレートと呼びます。ストレートの中でも、10・J（数字の11）・Q（数字の12）・K（数字の13）・A（数字の1）の連番をロイヤルストレートと呼びます。さらにロイヤルストレートの中でも、図A.13のように同じマーク（ハート、ダイヤ、スペード、クローバー）で統一（フラッシュ）した場合、ロイヤルストレートフラッシュと呼ばれます。この練習問題では、トランプの束から5枚のカードを引いた際、このロイヤルストレートフラッシュがそろっている確率を求めます。

ロイヤルストレートフラッシュの手札の場合の数は、マークの種類の数に等しいので、4通りです。また、52枚のカードから5枚を選んで引くことが全事象に相当するので、その場合の数は${}_{52}C_5$です。よって確率は、

図A.13｜ロイヤルストレートフラッシュの一例

5枚のカードが10・J・Q・K・Aの連番で、しかもマークがそろっている。図ではハートだが、どのマークでもいい。したがって、ロイヤルストレートフラッシュは4通り

$$\frac{4}{{}_{52}C_5} = \frac{4}{\dfrac{52!}{5! \times (52-5)!}} = \frac{4 \times 5! \times 47!}{52!}$$

$$= \frac{4 \times 5 \times 4 \times 3 \times 2}{52 \times 51 \times 50 \times 49 \times 48} = \frac{4}{2598960} = \frac{1}{649740} = 1.539\cdots \times 10^{-6} = \underline{1.54 \times 10^{-6}}$$

となります[9]。

　余談ですが、ポーカーにおいてロイヤルストレートフラッシュがいかにまれな手札かを実感してみましょう。ジョーカーを除く52枚からなるトランプの山から5枚のカードを引いて、その組合せを確認し、山にもどす作業をくり返します。1分間に2回のペースでおこなう場合、それを1日10時間続けると1200回カードを引くことになります。ロイヤルストレートフラッシュが出る確率$\dfrac{1}{649740}$というのは、この作業を542日（$1200 \times 542 = 650400$）続けて初めて遭遇する程度の確率です。

練習問題8.1

① AまたはB、つまり和集合なので$\underline{A \cup B}$と表されます。

② サイコロを1回投げたときの出た目（標本点）のすべてが列挙されているので、$\underline{\Omega}$と表されます。

③ AかつB、つまり積集合なので$\underline{A \cap B}$と表されます。

④ 決して起こらない事象、つまり空事象なので、$\underline{\varnothing}$と表されます。

---

9)　$10^{-1} = \dfrac{1}{10^1} = 0.1,\ 10^{-2} = \dfrac{1}{10^2} = 0.01,\ \cdots$という指数表記は見たことがありますね。練習問題7.6の答えは$\dfrac{1}{649740} = 0.000001539\cdots = 0.00000154$という非常に小さな値でした。小数点以下に0が多く並ぶ値を示す際には、$0.00000154 = 1.54 \times 10^{-6}$のような指数表記が便利です。

⑤　与えられた標本点の集合{1, 3, 5}は、言葉で表せば「奇数（の目が出る）」という事象です。これは、「偶数（の目が出る）」という事象、つまり$A = \{2, 4, 6\}$の余事象ですから、$\underline{A^c}$と表されます。

練習問題8.2

まずは、与えられた事象U, V, Wについて標本点を確認しておきましょう。

$U = \{4, 5, 6\}$, $V = \{3, 4, 5\}$, $W = \{1, 2\}$

また標本空間は$\Omega = \{1, 2, 3, 4, 5, 6\}$ですから、事象$U, V, W$のそれぞれの確率は

$$P(U) = \frac{|U|}{|\Omega|} = \frac{3}{6},\ P(V) = \frac{|V|}{|\Omega|} = \frac{3}{6},\ P(W) = \frac{|W|}{|\Omega|} = \frac{2}{6}$$

とわかります。これらを使って問題に臨みましょう。

①　問われているのは、事象UとVの和事象の確率です。したがって、式［8.4］より

$$P(U \cup V) = P(U) + P(V) - P(U \cap V)$$

となります。ここで、$U \cap V = \{4, 5\}$なので$P(U \cap V) = \frac{2}{6}$です。したがって、

$$P(U \cup V) = \frac{3}{6} + \frac{3}{6} - \frac{2}{6} = \frac{4}{6} = \underline{\frac{2}{3}}$$

と求まります。

②　標本点から、UとWは排反事象であることがわかります。式［8.5］を使って

$$P(U \cup W) = P(U) + P(W) = \frac{3}{6} + \frac{2}{6} = \underline{\frac{5}{6}}$$

と求まります。

③　$P(U)$がわかっているので、式［8.6］を使えば求められます。

$$P(U^C) = 1 - P(U) = 1 - \frac{3}{6} = \frac{3}{6} = \underline{\frac{1}{2}}$$

練習問題8.3

練習問題7.5では4人（だけ）が勝つ確率を求めました。今回は、6人が1回じゃんけんをして、「あいこになる確率」を問われています。6人のじゃんけんにおいて、あいこには多くのパターンが存在するので、場合の数を考えるのは骨が折れそうです。一方、「あいこになる」という事象（事象Aとしましょう）は「誰も勝たない」事象なので、「誰かが勝つ」（事象Bとしましょう）の余事象とみなせます（$A = B^C$）。そこで、「誰かが勝つ」確率$P(B)$を求めることにしましょう。

練習問題7.5を思い出すと、k人が勝つ事象の場合の数は${}_6C_k \times 3$と表せるので、

$$P_k = \frac{{}_6C_k \times 3}{3^6} = \frac{{}_6C_k}{3^5}$$

となります。この式に $k = 1 \sim 5$ を代入して計算すれば、1、2、3、4、5人（だけ）が勝つ確率 $P_1 \sim P_5$ をそれぞれ以下のように求められます。

$$P_1 = \frac{6}{243}, \; P_2 = \frac{15}{243}, \; P_3 = \frac{20}{243}, \; P_4 = \frac{15}{243}, \; P_5 = \frac{6}{243}$$

これらの事象は排反なので、事象 B の確率は $P_1 \sim P_5$ の総和です。

最初に確認したとおり、事象 A は事象 B の余事象（$A = B^C$）なので、その確率は

$$P(A) = 1 - P(B) = 1 - (P_1 + P_2 + P_3 + P_4 + P_5)$$
$$= 1 - \frac{6 + 15 + 20 + 15 + 6}{243} = 1 - \frac{62}{243} = \frac{181}{243} = 0.7448\cdots = \underline{0.745}$$

となります。

練習問題8.4

　製造ラインが並列というのは、図A.14のような状態を意味します。この図からわかるように、1つの製造ラインが故障のため止まってしまっても、ほかのラインが動いていれば、工場全体としては製造を続けることができます。つまり、少なくとも1本以上の製造ラインが動いていれば、工場は製造ができるわけです。

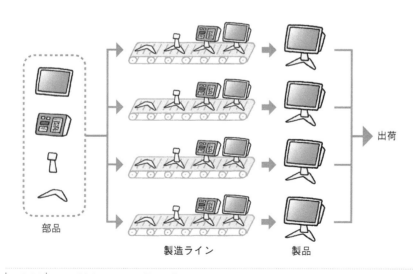

出荷

部品

製造ライン　　　　製品

| 図A.14 | 4つの製造ラインが並行して動いている工場

「少なくとも1本以上の製造ラインが動く」という事象をAとすると、その余事象A^cは「すべての製造ラインが止まる」になります。各製造ラインの故障にはお互い関連がないでしょうから、その確率$P(A^c)$は0.3^4です。よって、少なくとも1本以上の製造ラインが動く確率$P(A)$は

$$P(A) = 1 - 0.3^4 = 0.9919$$

です。この工場は、1年365日のうち、$365 \times 0.9919 = 362.0435 \cong \underline{362日}$ほど製造できることがわかります。

練習問題8.5

40人のクラスの中に、同じ誕生日の人のペアが1組あったという状況ですが、1組"だけ"とは書かれていないので、同じ誕生日の人のペアが2組以上つくれる可能性もあります。したがって、「n人の中で同じ誕生日の人のペアが1組以上つくれる」という事象（A）の確率を求める式をつくり、$n = 40$の場合を計算すれば、この状況が珍しいことかどうか評価できます。「1組だけ」の場合、「2組だけ」の場合、…とすべてのケースについて確率を求めるのは大変そうですが、余事象A^cすなわち「n人の誕生日がすべて異なる」の確率$P(A^c)$は計算できそうです。

今、n人が1人ずつ順に教室に入っていく 図A.15 のような状況を考えてみます。2人目が入るとき、

$$2人目の誕生日が1人目の誕生日と異なる確率 = \frac{364}{365}$$

です。次に、誕生日が異なる2人が教室にいる状況で、3人目が入ることを考えましょう。このとき、

$$3人目の誕生日が1、2人目の誕生日と異なる確率 = \frac{363}{365}$$

です。さらに、誕生日が異なる3人がいる教室に4人目が入るとき、

$$4人目の誕生日が1、2、3人目の誕生日と異なる確率 = \frac{362}{365}$$

です。つまり、教室の中の$n-1$人の誕生日がバラバラなとき（誕生日が同じ人のペアが1組もないとき）、そこに新たに加わるn人目の誕生日が先に教室にいた$n-1$人の誰とも一致しない確率について

$$n人目の誕生日が1、2、\cdots、n-1人目の誕生日と異なる確率 = \frac{365 - n + 1}{365}$$

が成り立ちます。

いま考えている事象A^cは「n人の誕生日がすべて異なる」でした。その確率

図A.15 *n* 人のクラスで誕生日が一致する人のペアがつくれるか？

1人ずつ教室に入ってきて、先に中に入っていた人と誕生日が同じかどうか調べていく。2人目から4人目まで、先にいた全員と誕生日が一致しない確率を示している

$P(A^C)$ は、1人ずつ順番に教室に入っていくとき、教室内の誰とも誕生日が一致しないという事象が2人目から *n* 人目までくり返される確率と一致します。式で表せば、

$$P(A^C) = \frac{364}{365} \times \frac{363}{365} \times \frac{362}{365} \times \cdots \times \frac{365 - n + 1}{365}$$

となります。よって、*n* 人の中に同じ誕生日の人のペアが1組以上存在する確率は

$$P(A) = 1 - P(A^C) = 1 - \frac{364}{365} \times \frac{363}{365} \times \frac{362}{365} \times \cdots \times \frac{365 - n + 1}{365}$$

と表せます。

n に数字を代入すれば、確率の値は求まります。ただ、手計算は大変なので、Excelを使いましょう。以下のステップで進めます。

・ステップ1：A列（2行目以降）にクラスの人数（*n*）を入れる（今回は *n* = 1, 2, …, 60）（図A.16）。
・ステップ2：B列（2行目以降）に、*n* 人目が1〜*n*−1人目の全員と誕生日が異なる確率の計算式を入力します（図A.17）。
・ステップ3：C列（2行目以降）に1人目から *n* 人目まで、全員誕生日が異なる確率の計算式を入力する（図A.18）。

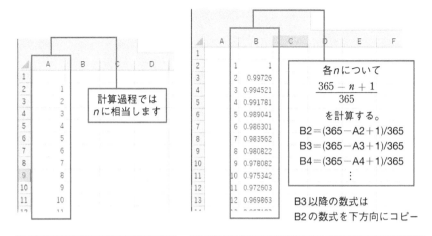

計算過程では
nに相当します

|図A.16| **ステップ1：A列の2行目以降のセルに数字を入力**

1から順に正の整数を入力する。計算過程では、これらの値がnに相当する

	A	B
1		
2	1	1
3	2	0.99726
4	3	0.994521
5	4	0.991781
6	5	0.989041
7	6	0.986301
8	7	0.983562
9	8	0.980822
10	9	0.978082
11	10	0.975342
12	11	0.972603
13	12	0.969863

各nについて
$$\frac{365 - n + 1}{365}$$
を計算する。
B2＝(365－A2＋1)/365
B3＝(365－A3＋1)/365
B4＝(365－A4＋1)/365
　　　⋮

B3以降の数式は
B2の数式を下方向にコピー

|図A.17| **ステップ2：B列の2行目以降のセルに数式を入力**

n人目の誕生日が、1人目から$n-1$人目までの誰とも一致しない確率を計算する

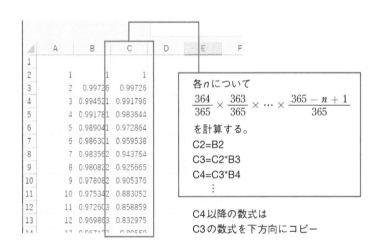

	A	B	C
1			
2	1	1	1
3	2	0.99726	0.99726
4	3	0.994521	0.991796
5	4	0.991781	0.983644
6	5	0.989041	0.972864
7	6	0.986301	0.959538
8	7	0.983562	0.943764
9	8	0.980822	0.925665
10	9	0.978082	0.905376
11	10	0.975342	0.883052
12	11	0.972603	0.858859
13	12	0.969863	0.832975

各nについて
$$\frac{364}{365} \times \frac{363}{365} \times \cdots \times \frac{365 - n + 1}{365}$$
を計算する。
C2=B2
C3=C2*B3
C4=C3*B4
　　　⋮

C4以降の数式は
C3の数式を下方向にコピー

|図A.18| **ステップ3：C列の2行目以降のセルに数式を入力**

1人目からn人目まで、先に教室に入った人と誕生日が一致しない事象が連続して起こる確率を計算する

・ステップ4：D列（2行目以降）に全確率からC列の確率を引く計算式を入力する（図A.19）。

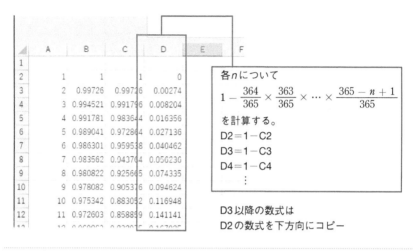

ステップ4：D列の2行目以降のセルに数式を入力

C列で確率を計算した事象の余事象の確率を計算する。これが、n人の中に同じ誕生日の人のペアが1組以上できる確率となる

　ステップ2〜4では、2行目の式を下方向にコピーすれば、3行目以降の確率を計算することができます。

　この作業でD列に入る値がn人の中で同じ誕生日の人が1組以上いる確率となります。A列とD列を用いて折れ線グラフを描くと図A.20のようになり、nを変化させたときの確率を概観することができます。

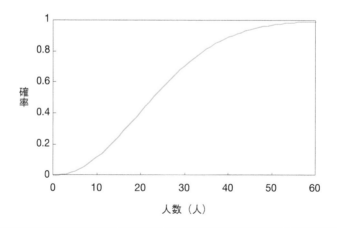

|図A.20| **クラスの中に同じ誕生日の人のペアが1組以上存在する確率**

226

練習問題8.5では、40人のクラスでの確率を問われていたので、図A.20で$n = 40$の確率を見ると、0.8を超えていることがわかります。したがって、正解は<u>E</u>です。

Excelで計算すると、40人のクラスで同じ誕生日の人のペアが1組以上つくれる確率は、0.891であることがわかります。みなさんの直感より実際の確率は高かったでしょうか？　低かったでしょうか？（直感より高いと感じる人が多いようです）

練習問題9.1

注目している事象は、「出た目の合計が8以上となる」であり、わかっている（観測された）事象は「1回目に4の目が出る」です。前者を事象A、後者を事象Bとすれば、求めるべき確率は$P(A \mid B)$と表すことができます。いま、1回目に出た目s（$= 4$）と2回目に出た目tの組を(s, t)と表すことにすると、$A \cap B = \{(4,4), (4,5), (4,6)\}$となります。サイコロを2回投げる場合の全事象の標本点の数は$6 \times 6 = 36$ですから、$P(A \cap B) = \dfrac{3}{36} = \dfrac{1}{12}$であり、また$P(B) = \dfrac{1}{6}$です。

よって、式［9.1］より

$$P(A \mid B) = \frac{P(A \cap B)}{P(B)} = \frac{\dfrac{1}{12}}{\dfrac{1}{6}} = \frac{6}{12} = \frac{1}{2} = \underline{0.5}$$

と求まります。

練習問題9.2

① 「白玉が出る」という事象をAとすると、$|A| = 3$で、$|\Omega| = 7$ですから、取り出した玉が白玉である確率は$P(A) = \dfrac{3}{7} = 0.4285\cdots = \underline{0.429}$となります。

② 「玉を取り出す壺としてアを選ぶ」という事象をBとします。すると、問われている確率は$P(A \mid B)$ですから、式［9.1］により求められます。必要な情報は$|B|$と$|A \cap B|$の値です。

壺アには玉が4つ入っているので、$|B| = 4$です。また、$A \cap B$は、「壺アでかつ白玉である」という事象ですから、$|A \cap B| = 1$となります。よって式［9.1］より

$$P(A \mid B) = \frac{|A \cap B|}{|B|} = \frac{1}{4} = \underline{0.25}$$

と求まります。

練習問題9.3

① 問題文の中で補足したとおり、日本では、偏西風の影響で雲は西から東に進む

ことが多いです。そのため、大阪で雨を降らせた雨雲が東京方面に進み、東京でも雨を降らせることが少なくありません。つまり、東京で雨が降る事象は、大阪で雨が降る事象に影響されます。したがって、これらの事象は<u>独立ではない</u>、と考えられます。

② 宝くじの売り場は全国にたくさんありますが、「この売り場から一等が出ました」といった張り紙を見たことがないでしょうか。そうした張り紙を見ると、ご利益がありそうな気がしてその売り場で宝くじを購入したくなる、という人が多いのかもしれません。しかしながら、問題文の中で補足したとおり、宝くじはある特定の場所ですべての宝くじ番号の中から当選番号が決められています。その番号は前回の番号とは無関係です。したがって、ある売り場で当たりが出ることは、その売り場で次回も当たりが出る確率に影響を与えることはありません。したがって、これらの事象は<u>独立である</u>、と考えられます。

練習問題9.4

① 工場で製造される1%の製品が不良品なので、$P(H_1) = \underline{0.01}$ となります。また、全体（全事象）は、「不良品が製造される」（H_1）と「良品が製造される」（H_2）という2つの事象のみから成り立っており、H_1 と H_2 は排反（重なりがない）です。つまり H_2 は H_1 の余事象であるので、$P(H_2) = 1 - P(H_1) = \underline{0.99}$ となります。

② 検査装置が正しい判定結果を出しているかを調べるには、あらかじめ正解を知ったうえで、判定結果と正解を比較する必要があります。この装置の場合、問題文でも述べたように、不良品を「不良」と判定すること、また、「良品」を「良」と判定することが、正しい判定です（図A.21）。

不良品を正しく「不良」と判定する確率が $P(A|H_1)$、良品を正しく「良」と判定する確率が $P(A^c|H_2)$ と表されますから、$P(A|H_1) = P(A^c|H_2) = \underline{0.95}$ です。

③ 工場では、良品か不良品かわからない製品に対して検査をおこないます。そして、たとえば、「不良」という検査結果が得られた際に、実際に不良品なのかを予測します。これを図に表すと図A.22のようになります。

図A.21 正しい判定と誤判定

不良品を「不良」と判定すること、また、「良品」を「良」と判定することが、正しい判定

ここで、検査結果が「不良であった」（A）ときに「不良品である」（H_1）確率 $P(H_1|A)$ がわかれば、出荷すべきかどうかを検討することができます。原因の候補が2つ（H_1, H_2）のときのベイズの定理は、式［9.7］より

$$P(H_1 \mid A) = \frac{P(H_1)\,P(A \mid H_1)}{P(H_1)P(A \mid H_1) + P(H_2)P(A \mid H_2)}$$

です。①②から $P(H_1)=0.01$、$P(H_2)=0.99$、$P(A|H_1)=0.95$ がわかっています。したがって、ベイズの定理により $P(H_1|A)$ を求めるには、$P(A|H_2)$ を求める必要があります。

$P(A|H_2)$ は、良品（H_2）を検査した際、間違って「不良」と判定する確率です。ここで、「不良」と判定する事象（A）と「良」と判定する事象（A^c）は余事象の関係にあるので、8.2節で述べた余事象の確率の性質にある式［8.6］より、$P(A|H_2)=1-P(A^c|H_2)=1-0.95=0.05$ とわかります。

以上でベイズの定理を適用するために必要な部品がそろったので、当てはめてみましょう。

$$P(H_1 \mid A) = \frac{P(H_1)\,P(A \mid H_1)}{P(H_1)P(A \mid H_1) + P(H_2)P(A \mid H_2)} = \frac{0.01 \times 0.95}{0.01 \times 0.95 + 0.99 \times 0.05}$$
$$= 0.1610\cdots = 0.161$$

つまり、検査結果が「不良」であったとき、その製品が実際に不良品である確率は0.161（16.1％）となります。意外と低いと感じる人が多いのではないでしょうか？

このことから、1つの検査だけで不良品かどうかを確信できないケースがあることがわかります。不良品である確率を過小評価して出荷してしまった場合、不良品を受け取った顧客から多くのクレームが届くことでしょう。逆に、不良品を出荷し

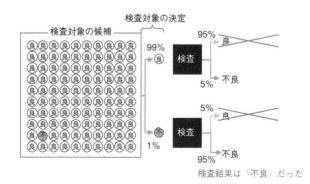

図A.22 ｜ 練習問題9.4の状況

検査対象をランダムに決定し、検査した結果が「不良」だった。検査対象となった製品が不良品である確率を求めた

ないために検査を増やしたり、出荷の基準を厳しくしたりすれば、それだけコストがかさんでしまいます。製造も検査も完璧でない（不良品をゼロにはできないし、不良品／良品を毎回正しく判定することもできない）以上、リスクとコストのバランスを検討する必要があるということです。

練習問題9.5

この問題もまた、結果を条件として原因の確率を問うもので、ベイズの定理が適用できます。まずは、原因となる事象と結果に相当する事象を整理しましょう。原因となる事象は

H_1：受信したメールが迷惑メールである

H_2：受信したメールが迷惑メールでない

のいずれかです。一方、観測される結果の事象は

A：受け取ったメールに「入金」という言葉とURLがふくまれている

になります。

知りたいのは、メールに「入金」という言葉とURLがふくまれていたとき、そのメールが迷惑メールである確率で、$P(H_1|A)$ と表せます。したがって、原因の事象が2つ（H_1, H_2）ある場合のベイズの定理（式［9.7］）を使って求められます。事前にわかっていること、そして、メールフォルダの分析結果から以下がわかります。

$P(H_1)$＝受信したメールが迷惑メールである確率＝0.58

$P(H_2)$＝受信したメールが迷惑メールではない確率＝$1 - P(H_1)$＝0.42

$P(A|H_1)$＝迷惑メールが「入金」とURLをふくむ確率＝0.12

$P(A|H_2)$＝迷惑メールではないメールが「入金」とURLをふくむ確率＝0.02

これらを式［9.7］に当てはめると、

$$
\begin{aligned}
P(H_1|A) &= \frac{P(H_1)P(A|H_1)}{P(H_1)P(A|H_1) + P(H_2)P(A|H_2)} \\
&= \frac{0.58 \times 0.12}{0.58 \times 0.12 + 0.42 \times 0.02} = 0.8923\cdots = 0.892
\end{aligned}
$$

となります。つまり、メールに「入金」という言葉とURLが含まれていたとき、そのメールが迷惑メールである確率は0.892（89.2%）です。

実際の迷惑メールのフィルタリングは、さまざまなルールでおこなわれています。これらのルールは、過去に蓄積された迷惑メールと通常メールから自動的に抽出されています。また、フィルターをすり抜けて受信ボックスに入ってしまった迷惑メールを、メールソフト上で手作業により迷惑メールとして分類することで、フィルタリングのルールが更新されていきます。このように、迷惑メールのフィルタリン

グ機能は私たちの利用に合わせてつねに進化しているのです。

練習問題10.1

　コインを2回投げたときに起こりうる事象は、表→表、表→裏、裏→表、裏→裏
の4つです。したがって、表が出る回数Xがとりうる値は{0, 1, 2}です。4つの事象
が起こる確率は等しい（0.25）ので、$X = 0$となる確率は0.25、$X = 1$となる確率は
0.5、$X = 2$となる確率は0.25となります。

練習問題10.2

　縦方向を1回目の目、横方向を2回目の目とした表A.7(a)を考えましょう。する
と、2回サイコロを投げるという事象にふくまれるすべての標本点を、この表のマ
スで表現できます。

　各マスに2回分の目の和を書き入れると、表A.7(b)のようになります。この表の
各マスの値が確率変数Xのとりうる値です。Xの各値について標本数を求め（その
値が記入されたマスの数を数え）、全標本数（マスの総数）で割ると、各確率変数
に対する確率が表A.7(c)のように求まります。この結果を用いると、図A.23のよう
な確率分布が得られます。

| 表A.7 | 練習問題10.2の考え方

(a) 標本点を表現する表をつくる

(b) 表の各マスに1回目の目と2回目の目の和
（＝ 確率変数X）を記入する

		2回目の目					
		1	2	3	4	5	6
1回目の目	1						
	2						
	3						
	4						
	5						
	6						

		2回目の目					
		1	2	3	4	5	6
1回目の目	1	2	3	4	5	6	7
	2	3	4	5	6	7	8
	3	4	5	6	7	8	9
	4	5	6	7	8	9	10
	5	6	7	8	9	10	11
	6	7	8	9	10	11	12

(c) (b)の結果にもとづき、（マス目に記入された）標本変数の各値について標本数を求める。全標本数はマスの
総数（＝36）に等しいので、標本数と全標本数の比により確率を求める

確率変数	2	3	4	5	6	7	8	9	10	11	12
標本数	1	2	3	4	5	6	5	4	3	2	1
確率	$\frac{1}{36}$	$\frac{1}{18}$	$\frac{1}{12}$	$\frac{1}{9}$	$\frac{5}{36}$	$\frac{1}{6}$	$\frac{5}{36}$	$\frac{1}{9}$	$\frac{1}{12}$	$\frac{1}{18}$	$\frac{1}{36}$

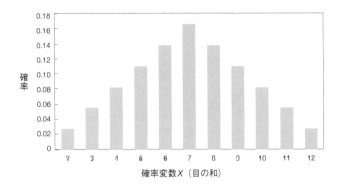

サイコロを2回振ったときの目の和（x）の確率分布

練習問題10.3

この問題では、宝くじの賞金の額を確率変数Xとみなせます。Xのとりうる値は、表10.1に示された賞金額と「0（円）」（はずれの場合）です。また、各値をとる確率は、該当する宝くじの本数を販売総数（1万）で割れば得られます。

式［10.1］を使って、宝くじAとBそれぞれについて、得られる賞金の期待値を求めましょう。Xがとりうる値として0もありますが、式［10.1］より、X＝0の場合は確率がどのような値であろうと期待値には影響しません。ですから、当たりくじだけについて計算すれば十分です。宝くじA、Bそれぞれの期待値は式［10.1］より、

$$宝くじAの期待値 = 10000 \times \frac{1}{10000} + 5000 \times \frac{2}{10000} + 100 \times \frac{7}{10000}$$

$$= \frac{20700}{10000} = 2.07 \ （円）$$

$$宝くじBの期待値 = 5000 \times \frac{2}{10000} + 2000 \times \frac{4}{10000} + 500 \times \frac{4}{10000}$$

$$= \frac{20000}{10000} = 2 \ （円）$$

となります。この結果から、平均的に得られる賞金は宝くじAのほうが多いことがわかります。

練習問題10.4

例題10.4の確率変数Yを用いると、Z＝Y＋Yです。10×Zの分散を求めたいので、

$$V(10 \times Z) = 100 \times V(Z) = 100 \times V(Y+Y) = 100 \times (V(Y)+V(Y))$$

$$= 100 \times \frac{70}{12} = 583.333\cdots = \underline{583}$$

となります。

練習問題11.1

$P(X = k) = {}_5C_k \left(\dfrac{1}{6}\right)^k \left(1 - \dfrac{1}{6}\right)^{5-k}$ に $k = 2, 0$ を代入することで、①②の確率を求めることができます。

① $P(X=2) = {}_5C_2 \left(\dfrac{1}{6}\right)^2 \left(\dfrac{5}{6}\right)^3 = \dfrac{5!}{2!\,(5-2)!} \times \dfrac{5^3}{6^5} = \dfrac{1250}{7776} = 0.1607\cdots = \underline{0.161}$

② $P(X=0) = {}_5C_0 \left(\dfrac{1}{6}\right)^0 \left(\dfrac{5}{6}\right)^5 = \dfrac{5!}{0!\,(5-0)!} \times \dfrac{5^5}{6^5} = \dfrac{3125}{7776} = 0.4018\cdots = \underline{0.402}$

②を計算するにあたって「0! って、どう計算するのだっけ？」と戸惑った人は、7.2節（「3種類の場合の数」の項）の定義式［7.2］を再確認しましょう。

練習問題11.2

① 例題11.2で示した手順でExcelを使って確率を求めると、図A.24のようになります。この結果を用いて確率分布を描くと、図A.25のようになります。

この図を図11.2とくらべると、試行回数が1回増えるだけで分布の形が変わることがわかります。

	A	B	C	D
1	k	場合の数	1ケースが起こる確率	P(X=k)
2	0	1	0.334897977	0.334897977
3	1	6	0.066979595	0.401877572
4	2	15	0.013395919	0.200938786
5	3	20	0.002679184	0.053583676
6	4	15	0.000535837	0.008037551
7	5	6	0.000107167	0.000643004
8	6	1	2.14335E-05	2.14335E-05

| 図A.24 | Excelによる計算結果

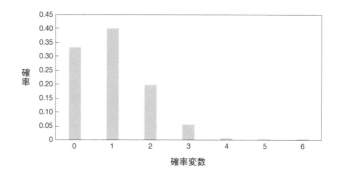

| 図A.25 | 図A.24に示す計算結果にもとづく確率分布

② ①で得られた確率変数の各値に対する確率を用いると、

$$P(5 \leq X) = P(X = 5) + P(X = 6) = 0.00064300\cdots + 0.000021433\cdots$$
$$= 0.00066443\cdots = \underline{0.000664}$$

となります。

③ 余事象の確率の性質と①で得られた確率変数の各値に対する確率を用いると、

$$P(2 \leq X) = 1 - P(X = 0) - P(X = 1) = 1 - 0.33489\cdots - 0.40187\cdots$$
$$= 0.26322\cdots = \underline{0.263}$$

となります。

④ 式［11.2］と［11.3］より

期待値：$E(X) = 6 \times \dfrac{1}{6} = 1,$

分散：$V(X) = 6 \times \dfrac{1}{6} \times \dfrac{5}{6} = 0.8333\cdots = \underline{0.833}$

となります。

練習問題 12.1

① 標準正規分布表の左端の列の「0.5」といちばん上の行の「0.02」に注目し、その行と列が交差する部分を読み取るだけです。求める確率は、

$$P(X > 0.52) = 0.301532\cdots = \underline{0.302}$$

です。

② 「$X \leq 1.5$」という事象は「$X > 1.5$」の余事象とみなせます。Chapter 7で扱った余事象の確率についての性質を用いると

$$P(X \leq 1.5) = 1 - P(X > 1.5) = 1 - 0.066807\cdots = 0.9332\cdots = \underline{0.933}$$

となります。

③ $P(1 < X \leq 2)$ は、図 A.26 の (A) の面積に相当しますが、これは (B) の面積 $P(X > 1)$ から、(C) の面積 $P(X > 2)$ を引くことで得られます。(B)と(C)の面積をそれぞれ標準正規分布表から読み取れば、

(B)の面積 $= P(X > 1) = 0.158655\cdots$

(C)の面積 $= P(X > 2) = 0.022750\cdots$

なので、

$$P(1 < X \leq 2) = (A)の面積 = 0.158655\cdots - 0.022750\cdots = 0.135905\cdots = \underline{0.136}$$

となります。

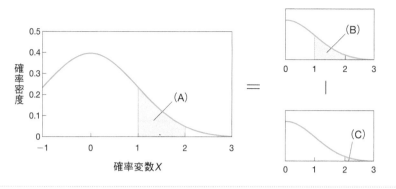

図A.26 **(A)の面積は(B)と(C)の面積の差に等しい**

いずれの図も標準正規分布の一部。(B)の面積と(C)の面積は標準正規分布表から読み取ることができる

練習問題12.2

① 平均 μ と標準偏差 σ を使って確率変数 Y を $Z = \dfrac{Y - \mu}{\sigma}$（式［12.2］を参照）に変換します。$Y = \sigma Z + \mu$ ですから、$Y > 9$ という不等式は $\sigma Z + \mu > 9$ と変換でき、$\mu = 6.5$ と $\sigma = 2$ を代入すると、$Z > 1.25$ となります。すると、Z は標準正規分布 $N(0, 1^2)$ に従うので、標準正規分布表より

$$P(Y > 9) = P(Z > 1.25) = 0.105650\cdots = \underline{0.106}$$

です。

② 練習問題12.1③の説明を参照すると、

$$P(6.5 < U \leq 6.8) = P(U > 6.5) - P(U > 6.8)$$

という関係が成り立ちます。そして、

$$P(U > 6.5) = P\left(\frac{U - 2}{3} > \frac{6.5 - 2}{3}\right) = P\left(\frac{U - 2}{3} > 1.5\right)$$

$$P(U > 6.8) = P\left(\frac{U - 2}{3} > \frac{6.8 - 2}{3}\right) = P\left(\frac{U - 2}{3} > 1.6\right)$$

と変形できます。$\dfrac{U - 2}{3} = Z$ とすると、Z は標準正規分布 $N(0, 1^2)$ に従うので、標準正規分布表より

$$P(6.5 < U \leq 6.8) = P(Z > 1.5) - P(Z > 1.6) = 0.066807\cdots - 0.054799\cdots$$
$$= 0.012008\cdots = \underline{0.120}$$

となります。

練習問題13.1

① 赤色と黒色の玉の数の比は2:3の割合ですから、玉を20個取り出すと、赤色

の玉は $20 \times \dfrac{2}{2+3} = \underline{8}$個、黒色の玉は $20 \times \dfrac{3}{2+3} = \underline{12}$個ふくまれると期待されます。これらが期待度数です。

② 13.1節で定義した、観測度数の期待度数からのずれを計算すると、表A.8のようになります。期待度数からのずれの和がカイ2乗統計量χ^2ですから、

$$\chi^2 = 1.125 + 0.75 = \underline{1.875}$$

となります。

③ 求めるのはχ^2が1.875より大きくなる確率$P(\chi^2 > 1.875)$です。2色の玉が入っている袋から一定数（20個）の玉を取り出す事象なので、自由度は1です（一方の色の玉の数が決まれば、もう一方の色の玉の数もおのずと決まります）。よって、表から$P(\chi^2 > 1.875)$は0.1から0.2の間の値になります。なお、Excelの関数を用いて正確な確率を計算すると、CHISQ.DIST.RT(1.875, 1)$=0.1709\cdots=0.171$ と求まります。

表A.8 期待度数・観測度数・観測度数の期待度数からのずれ

	期待度数	観測度数	期待度数からのずれ
赤色の玉	8	11	1.125
黒色の玉	12	9	0.750
合計	20	20	1.875

練習問題13.2

① 調査対象者の60%が商品を知っていることから、男性では$200 \times \dfrac{60}{100} = 120$人が商品を知っていると期待されます。同様に各期待度数を計算すると、結果は表A.9のようになります。

② ①で得たのは2×2の分割表なので、式［13.2］から自由度$=(2-1) \times (2-1)=1$となり、カイ2乗統計量は自由度1のカイ2乗分布に従います。

③ ①で求めた期待度数の表を用いて、分割表の各観測度数に対して期待度数からのずれを $\dfrac{(観測度数 - 期待度数)^2}{期待度数}$ により計算します。その結果は表A.10のように

表A.9 期待度数

	男性	女性	合計
知っている	120	168	288
知らない	80	112	192
合計	200	280	480

各観測度数の期待度数からのずれとその合計

	男性	女性	合計
知っている	0.1333	0.0952	0.2286
知らない	0.2000	0.1429	0.3429
合計	0.3333	0.2381	0.5714

なり、カイ2乗統計量が$\chi^2 = 0.571$と求まります。

　この分割表よりも期待度数から離れた分割表が得られる確率は上側確率$P(\chi^2 > 0.571)$で表されます。付録2のカイ2乗分布表の自由度1のカイ2乗分布を参照すると、その値は0.4と0.5の間の確率となることがわかります。また、正確な上側確率は、Excelの関数を用いて、CHISQ.DIST.RT(0.571, 1) = 0.4498… = 0.450 と計算されます。

練習問題13.3

① 式［13.3］より、t統計量は$t = \dfrac{\sqrt{6-1}\,(101.5 - 100)}{\sqrt{2.92}} = 1.962\cdots = 1.96$ です。

② 観測したデータ数が6ですから、自由度は6−1＝5です。よって、t統計量は自由度5のt分布に従います。

③ 観測した6つのデータの平均が101.5 g以上になる確率は、t統計量が1.96より大きくなる上側確率になります。付録3の表で自由度5のt分布を参照すると、上側確率は約0.05になることがわかります。正確な上側確率はExcelを用いてT.DIST.RT(1.96, 5) = 0.05364… = 0.0536と求まります。

練習問題14.1

　標本調査によって母集団（製造されたすべての缶ビール）の品質を推定するわけですから、母集団に近い性質をもつ標本を抽出する必要があります。つまり、無作為抽出により標本を得る必要があるので、①無作為（い）に缶ビールを選びます。品質検査をした缶ビールは母集団には戻されないので、この標本抽出法は②非復元抽出法（え）です。

　検査済みの缶ビールが母集団に戻されないのは、開封された缶ビールはもはや出荷できないからです。ですので、品質検査において標本検査をおこなう理由として適当なのは（理由2）です。この理由は、缶ビールに限らず製品自体を使用・消費して品質検査をする場合すべてに当てはまります。

練習問題14.2

標本の大きさが十分大きいと考えられるので、中心極限定理が成り立ちます。式〔14.3〕で示した変数変換を用いると、次のZが標準正規分布に従います。

$$Z = \frac{\overline{X}_{100} - 5}{\sqrt{4/100}} = 5 \times (\overline{X}_{100} - 5)$$

よって、$P(\overline{X}_{100} > 5.3) = P(Z > 5 \times (5.3 - 5)) = P(Z > 1.5)$ と変換されます。付録1の標準正規分布表から、$P(Z > 1.5) = 0.066807\cdots = \underline{0.0668}$ が読み取れます。この学生の動画チャンネルのアクセス数は多いほうであると言えそうです。

練習問題15.1

90%信頼区間を求めるには、まず上側確率・下側確率がそれぞれ5%（0.05）となる確率変数の値（上側5%点と下側5%点）を求めます。確率変数が標準正規分布に従っているとすると、上側確率が5%となるのは、付録1の標準正規分布表より$Y = 1.65$のときであることがわかります。例題15.1②と同様に考えると、下側確率が0.05になるのは$Y = -1.65$のときなので、Yが$-1.65 < Y < 1.65$となる確率が90%です。

ですので、15.1節で示した95%信頼区間の〔15.1〕の中の1.96を1.65に置き換えた次式が、μの90%信頼区間を表します。

$$\overline{X} - 1.65 \times \frac{\sigma}{\sqrt{n}} < \mu < \overline{X} + 1.65 \times \frac{\sigma}{\sqrt{n}}$$

この問題では、$\overline{X} = 121$、$\sigma = 3$なので、それらを代入すると、$\underline{\mu の90\%信頼区間}$は、$\underline{119.435 < \mu < 122.565}$と求まります。つまり、給茶機がいれるお茶の量の分布について、その平均の真の値は119 mLから123 mLの間にあると推定されます。

練習問題15.2

10個の実測値から標本平均$\overline{X}$、標本分散s^2を求めると、それぞれ

$$\overline{X} = \frac{82 + 74 + \cdots + 80}{10} = 79.5$$

$$s^2 = \frac{(82 - 79.5)^2 + (74 - 79.5)^2 + \cdots + (80 - 79.5)^2}{10} = 7.65$$

$$\left(s = \sqrt{7.65} = 2.765\cdots = 2.77\right)$$

となります。$n = 10$ですから、付録3のt分布表より$t_9^{0.025} = 2.26$です。これらを式〔15.2〕に代入することで、$\underline{\mu の95\%信頼区間}$は、$\underline{77.4 < \mu < 81.6}$と求まります。図鑑には、「体長77 mmから82 mm」と記載するのがよさそうです。

ある学校でのソフトボール投げの測定結果が正規分布 $N(23, 8^2)$ に従うかどうかの検定なので、標本集団の分布を期待値 μ について帰無仮説（H_0）と対立仮説（H_1）を以下のように設定します。

 H_0: $\mu = 23$ （標本集団は母集団と同じ分布に従う）

 H_1: $\mu \neq 23$ （標本集団が従う分布は母集団とは異なる）

分散が既知（σ^2）である正規分布に従う母集団について、期待値がある値（μ_0）であるかどうかの仮説検定では、n 個の標本の平均 $\overline{X}$ をもとにした、次式で表される検定統計量 Z が標準正規分布に従います。

$$Z = \frac{\sqrt{n}\ (\overline{X} - \mu_0)}{\sigma}$$

対立仮説が $\mu \neq 23$ なので、検定統計量 Z の値が上側・下側に外れる可能性を考えましょう。有意水準を 0.05（5%）とすることになっているので、上側確率・下側確率がそれぞれ 0.025（2.5%）となるよう棄却域を設定します。すると、例題16.1と同じく棄却域は $Z < -1.96$ と $Z > 1.96$ です。

100人の平均が 25 m と得られたので、Z の値は

$$\frac{\sqrt{100}\ (25 - 23)}{8} = 2.5$$

と計算されます。これは棄却域に入るので、帰無仮説（H_0）は棄却されます。

つまり、この学校の測定結果は全国調査から得られた母集団と同じであるとは言えない、と判定されます。

機械の不調により、50 g より多く入ることや少なく入ることも考えられます。缶詰の内容量（グラム）は正規分布 $N(\mu, \sigma^2)$ に従うと考えられますが、その分布について帰無仮説（H_0）と対立仮説（H_1）を以下のように設定することができます。

 H_0: $\mu = 50$

 H_1: $\mu \neq 50$

t 統計量は次式で表されます。

$$t = \frac{\sqrt{n-1}\ (\overline{X} - \mu)}{\sqrt{s^2}}$$

これは10個のサンプルデータから計算されるので、自由度 $10-1=9$ の t 分布に従います。有意水準5%で考えるので、t 統計量の値を求め、上側・下側確率がそれぞれ2.5%（0.025）以下になる棄却域に入るかを調べます。付録3から、自由度9の t

分布で上側確率が0.025以下になる棄却域は$t>2.26$とわかります。また、t分布は原点を中心に左右対称なので、下側確率が0.025以下になる棄却域は$t<-2.26$です。

標本の観測値から得られるt統計量の実測値は

$$\frac{\sqrt{10-1}\,(47.5-50)}{\sqrt{7.05}} = -2.824\cdots = -2.82$$

となり、棄却域に入るので、帰無仮説H_0は棄却されます。つまり、機械に変化がないとは言いがたく、なんらかの不具合が発生している、と判定されます。

練習問題16.3

東側と西側の合計つまり国全体で見たときのA、B、AB、O型の人数比が110：32：14：44であることがわかります。血液型の人数比が東側と西側の間で差がないかどうかの判定を仮説検定でおこなうとすると、帰無仮説H_0と対立仮説H_1は

　　H_0：東側も西側も血液型の人数比は110：32：14：44である

　　H_1：東側も西側も血液型の人数比は110：32：14：44ではない

となります。

帰無仮説H_0のもとでの期待度数は表A.11のとおりです。表16.4の観測度数の期待度数からのずれを計算すると、表A.12のようになります。検定統計量であるカイ2乗統計量の値は$\chi^2=1.741\cdots=1.74$と計算されました。

この分割表は4行×2列なので、自由度は$(4-1)\times(2-1)=3$です。よって、検定統計量は自由度3のカイ2乗分布に従います。有意確率を0.05としているので、付録2から、自由度3のカイ2乗分布で上側確率が0.05以下になる棄却域は$\chi^2>7.81$とわかります。

分割表から求めたカイ2乗統計量の値1.74はこの棄却域に入らないので、帰無仮説H_0は棄却されません。つまり、東側と西側で血液型の遺伝子分布が違うと言うことはむずかしい、と判定されます。

表A.11 帰無仮説のもとでの期待度数

	東側	西側	合計
A型	52.80	57.20	110
B型	15.36	16.64	32
AB型	6.72	7.28	14
O型	21.12	22.88	44
合計	96	104	200

表A.12 観測度数の期待度数からのずれ

	東側	西側	合計
A型	0.14848	0.13706	0.28555
B型	0.12042	0.11115	0.23157
AB型	0.24381	0.22505	0.46886
O型	0.39273	0.36252	0.75524
合計	0.90544	0.83579	1.74123

推薦
図書

　本書をひと通り学び終えた段階で、データ分析における道具としての統計学の基礎は身についたはずです。一方、統計学は広い学問領域であり、本書はその一部にしか触れていません。そこで、本書を読み終えた読者にとって参考になる図書を紹介します。

〈推測統計をさらに学びたい人向け〉

　まず、本書の最後（第IV部）の信頼区間や仮説検定については、基本的な考え方を説明するにとどめました。実際の問題に応用する前に、もう少し異なるケースの仮説検定を理解しておく必要があるでしょう。そこで、より多くの例題が載っている次の本を推薦します。

・小島寛之『完全独習統計学入門』ダイヤモンド社（2006）

〈理論的な理解を深めたい人向け〉

　本書では、数式を使った厳密な説明をできるだけ避け、直感的な説明を多くしました。読む進める中で、理論的な詳細に興味をもった読者には、次の2冊が参考になるでしょう。とくに後者は理系向けの本ではありますが、文系であっても読み進められるよう工夫されています。

・東京大学教養学部統計学教室編『統計学入門』東京大学出版会（1991）

・藤澤洋徳『確率と統計』朝倉書店（2006）

〈データ分析の統計以外の側面を学びたい人向け〉

　データ分析において重要なのは、統計などの道具だけではありません。セキュリティやプライバシー、公平性といった、データを利活用するうえでの留意事項も知っておくべきです。こういった側面を学びたい方には、以下が参考になります。

・北川源四郎・竹村彰通編『教養としてのデータサイエンス』講談社（2021）

標準正規分布 $N(0, 1^2)$ について、0.00 から 2.09 までの α の上側確率 $P(X > \alpha)$ の値を示した。

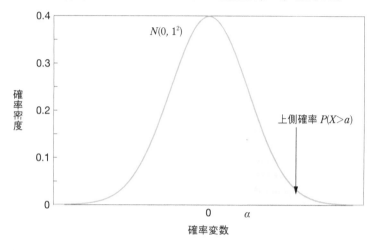

α	0.00	0.01	0.02	0.03	0.04	0.05	0.06	0.07	0.08	0.09
0.0	0.500000	0.496011	0.492022	0.488034	0.484047	0.480061	0.476078	0.472097	0.468119	0.464144
0.1	0.460172	0.456205	0.452242	0.448283	0.444330	0.440382	0.436441	0.432505	0.428576	0.424655
0.2	0.420740	0.416834	0.412936	0.409046	0.405165	0.401294	0.397432	0.393580	0.389739	0.385908
0.3	0.382089	0.378280	0.374484	0.370700	0.366928	0.363169	0.359424	0.355691	0.351973	0.348268
0.4	0.344578	0.340903	0.337243	0.333598	0.329969	0.326355	0.322758	0.319178	0.315614	0.312067
0.5	0.308538	0.305026	0.301532	0.298056	0.294599	0.291160	0.287740	0.284339	0.280957	0.277595
0.6	0.274253	0.270931	0.267629	0.264347	0.261086	0.257846	0.254627	0.251429	0.248252	0.245097
0.7	0.241964	0.238852	0.235762	0.232695	0.229650	0.226627	0.223627	0.220650	0.217695	0.214764
0.8	0.211855	0.208970	0.206108	0.203269	0.200454	0.197663	0.194895	0.192150	0.189430	0.186733
0.9	0.184060	0.181411	0.178786	0.176186	0.173609	0.171056	0.168528	0.166023	0.163543	0.161087
1.0	0.158655	0.156248	0.153864	0.151505	0.149170	0.146859	0.144572	0.142310	0.140071	0.137857
1.1	0.135666	0.133500	0.131357	0.129238	0.127143	0.125072	0.123024	0.121000	0.119000	0.117023
1.2	0.115070	0.113139	0.111232	0.109349	0.107488	0.105650	0.103835	0.102042	0.100273	0.098525
1.3	0.096800	0.095098	0.093418	0.091759	0.090123	0.088508	0.086915	0.085343	0.083793	0.082264
1.4	0.080757	0.079270	0.077804	0.076359	0.074934	0.073529	0.072145	0.070781	0.069437	0.068112
1.5	0.066807	0.065522	0.064255	0.063008	0.061780	0.060571	0.059380	0.058208	0.057053	0.055917
1.6	0.054799	0.053699	0.052616	0.051551	0.050503	0.049471	0.048457	0.047460	0.046479	0.045514
1.7	0.044565	0.043633	0.042716	0.041815	0.040930	0.040059	0.039204	0.038364	0.037538	0.036727
1.8	0.035930	0.035148	0.034380	0.033625	0.032884	0.032157	0.031443	0.030742	0.030054	0.029379
1.9	0.028717	0.028067	0.027429	0.026803	0.026190	0.025588	0.024998	0.024419	0.023852	0.023295
2.0	0.022750	0.022216	0.021692	0.021178	0.020675	0.020182	0.019699	0.019226	0.018763	0.018309

自由度が1から20のカイ2乗分布で、上側確率がαとなる確率変数Xの値を示した。図は自由度3のカイ2乗分布を表す

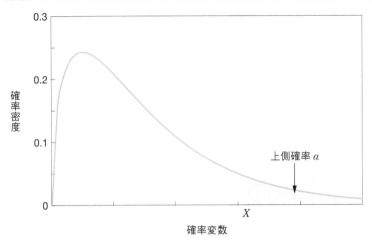

自由度	上側確率α									
	0.5	0.4	0.3	0.2	0.1	0.05	0.025	0.01	0.005	0.001
1	0.454936	0.708326	1.074194	1.642374	2.705543	3.841459	5.023886	6.634897	7.879439	10.827566
2	1.386294	1.832581	2.407946	3.218876	4.605170	5.991465	7.377759	9.210340	10.596635	13.815511
3	2.365974	2.946166	3.664871	4.641628	6.251389	7.814728	9.348404	11.344867	12.838156	16.266236
4	3.356694	4.044626	4.878433	5.988617	7.779440	9.487729	11.143287	13.276704	14.860259	18.466827
5	4.351460	5.131867	6.064430	7.289276	9.236357	11.070498	12.832502	15.086272	16.749602	20.515006
6	5.348121	6.210757	7.231135	8.558060	10.644641	12.591587	14.449375	16.811894	18.547584	22.457745
7	6.345811	7.283208	8.383431	9.803250	12.017037	14.067140	16.012764	18.475307	20.277740	24.321886
8	7.344121	8.350525	9.524458	11.030091	13.361566	15.507313	17.534546	20.090235	21.954955	26.124482
9	8.342833	9.413640	10.656372	12.242145	14.683657	16.918978	19.022768	21.665994	23.589351	27.877165
10	9.341818	10.473236	11.780723	13.441958	15.987179	18.307038	20.483177	23.209251	25.188180	29.588298
11	10.340998	11.529834	12.898668	14.631421	17.275009	19.675138	21.920049	24.724970	26.756849	31.264134
12	11.340322	12.583884	14.011100	15.811986	18.549348	21.026070	23.336664	26.216967	28.299519	32.909490
13	12.339756	13.635571	15.118722	16.984797	19.811929	22.362032	24.735605	27.688250	29.819471	34.528179
14	13.339274	14.685294	16.222099	18.150771	21.064144	23.684791	26.118948	29.141238	31.319350	36.123274
15	14.338860	15.733223	17.321694	19.310657	22.307130	24.995790	27.488393	30.577914	32.801321	37.697298
16	15.338499	16.779537	18.417894	20.465079	23.541829	26.296228	28.845351	31.999927	34.267187	39.252355
17	16.338182	17.824381	19.511022	21.614561	24.769035	27.587112	30.191009	33.408664	35.718466	40.790217
18	17.337902	18.867904	20.601354	22.759546	25.989423	28.869299	31.526378	34.805306	37.156451	42.312396
19	18.337653	19.910199	21.689127	23.900417	27.203571	30.143527	32.852327	36.190869	38.582257	43.820196
20	19.337429	20.951368	22.774545	25.037506	28.411981	31.410433	34.169607	37.566235	39.996846	45.314747

自由度が1から20のt分布で、上側確率がαとなる確率変数Xの値を示した。図は自由度3のt分布を表す

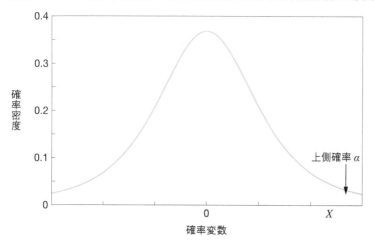

自由度	上側確率α					
	0.1	0.05	0.025	0.01	0.005	0.001
1	3.077684	6.313752	12.706205	31.820516	63.656741	318.308839
2	1.885618	2.919986	4.302653	6.964557	9.924843	22.327125
3	1.637744	2.353363	3.182446	4.540703	5.840909	10.214532
4	1.533206	2.131847	2.776445	3.746947	4.604095	7.173182
5	1.475884	2.015048	2.570582	3.364930	4.032143	5.893430
6	1.439756	1.943180	2.446912	3.142668	3.707428	5.207626
7	1.414924	1.894579	2.364624	2.997952	3.499483	4.785290
8	1.396815	1.859548	2.306004	2.896459	3.355387	4.500791
9	1.383029	1.833113	2.262157	2.821438	3.249836	4.296806
10	1.372184	1.812461	2.228139	2.763769	3.169273	4.143700
11	1.363430	1.795885	2.200985	2.718079	3.105807	4.024701
12	1.356217	1.782288	2.178813	2.680998	3.054540	3.929633
13	1.350171	1.770933	2.160369	2.650309	3.012276	3.851982
14	1.345030	1.761310	2.144787	2.624494	2.976843	3.787390
15	1.340606	1.753050	2.131450	2.602480	2.946713	3.732834
16	1.336757	1.745884	2.119905	2.583487	2.920782	3.686155
17	1.333379	1.739607	2.109816	2.566934	2.898231	3.645767
18	1.330391	1.734064	2.100922	2.552380	2.878440	3.610485
19	1.327728	1.729133	2.093024	2.539483	2.860935	3.579400
20	1.325341	1.724718	2.085963	2.527977	2.845340	3.551808

Index

著者紹介

竹内 広宜 博士（工学）

武蔵大学経済学部経営学科教授。1998年、東京大学工学部計数工学科卒業。2000年、東京大学大学院工学系研究科計数工学専攻修士課程修了。2000年より日本アイ・ビー・エム株式会社東京基礎研究所に勤務。2012年、慶應義塾大学大学院理工学研究科開放環境科学専攻博士課程修了。2018年より現職。

NDC336.1　　255p　　21cm

経営・商学のための統計学 入門
直感的な例題で学ぶ

2021年　9月22日　第1刷発行

著　者　竹内広宜
発行者　髙橋明男
発行所　株式会社 講談社
　　　　〒112-8001　東京都文京区音羽2-12-21
　　　　　販　売　(03) 5395-4415
　　　　　業　務　(03) 5395-3615

KODANSHA

編　集　株式会社 講談社サイエンティフィク
　　　　代表　堀越俊一
　　　　〒162-0825　東京都新宿区神楽坂2-14　ノービィビル
　　　　　編　集　(03) 3235-3701

本文データ制作　株式会社 エヌ・オフィス
カバー表紙印刷　豊国印刷 株式会社
本文印刷・製本　株式会社 講談社

ISBN 978-4-06-525161-4